Si vous désirez être tenu au courant des dernières découvertes de la psychologie pratique et du développement personnel, il vous suffit d'adresser votre carte de visite ou vos nom et adresse à :

Éditions Godefroy
B.P. 9
27760 La Ferrière-sur-Risle

en mentionnant simplement : « Nouvelles parutions. »

Ce livre a été publié en langue allemande sous le titre :
« Die Kunst Mühelosen lernens »
par les Éditions Ariston, Genève.

ISBN : 2-902468-32-6
Code : LP17

Professeur
Kurt TEPPERWEIN

COMMENT APPRENDRE SANS PEINE

Des nouvelles méthodes pour apprendre vite et facilement

Traduit par Virginie Puschmann

Éditions Christian Godefroy (E.C.H.G.)
B.P. 9 / 27760 La Ferrière-sur-Risle
Tél. : 16 (32) 30 71 59

INTRODUCTION

LA vie subit des changements continuels. C'est ce que nous enseigne l'histoire de la terre, du monde végétal et animal, et de toute la nature en général. Tout se transforme en permanence. « Tout coule » disait déjà Héraclès 600 ans av. J.-C. pour définir les lois naturelles du développement de la vie. Manifestement, ce développement n'est pas le fruit du hasard; nous l'appelons évolution.

Tout développement est la conséquence d'un processus d'adaptation et d'apprentissage

Un processus d'adaptation et d'apprentissage est à la base de tout développement. Nous pouvons le vérifier dans notre vie de tous les jours. Effectivement, nous nous trouvons continuellement en présence de problèmes et d'obstacles. Cette perpétuelle confrontation semble être une condition inhérente de notre existence. Notre tâche consiste à maîtriser ces difficultés le mieux possible, à nous enrichir, à mûrir à leurs contacts, et ainsi à développer nos facultés de manière optimale.

Cela veut dire que nous devons apprendre en permanence. Enfant, nous apprenons à marcher, à parler, à lire et à écrire, par la suite à faire du vélo, et bien d'autres choses encore. Nous n'apprenons pas seulement à l'école. Un astronaute doit apprendre à se mouvoir dans l'apesanteur et à piloter un vaisseau spatial. Si nous ne voulons pas être malheureux, nous devons apprendre à nous adapter aux circonstances changeantes de la vie. En apprenant, nous développons nos capacités, notre dextérité à exécuter les tâches les plus diverses. Nous pouvons dire que nous passons notre vie à apprendre, et que là est son sens et son souhait.

Les méthodes traditionnelles d'enseignement ne sont pas adaptées à la majorité des élèves

La pédagogie n'a presque pas changé depuis Socrate. Quelqu'un a acquis une connaissance dans une matière donnée et à l'aide du langage, c'est-à-dire verbalement, il essaie de transmettre cette connaissance à des élèves. Or, 80 % de ce que nous apprenons se fait de manière visuelle. Seulement une minorité de gens peut apprendre de manière auditive. Ils ont de la chance, contrairement aux autres, et on peut dire que les méthodes d'enseignement habituelles leur sont parfaitement adaptées.

Nous serions en droit d'attendre, 2 500 ans après Socrate, que de nouvelles méthodes aient été créées pour faciliter et simplifier l'enseignement. Je me suis donné beaucoup de mal pour en trouver, mais je dois avouer que mes premiers résultats furent plutôt décevants. Mes recherches à la bibliothèque d'une école supérieure de pédagogie ne donnèrent presque rien. Seulement quelques-uns de ces milliers de livres contenaient des indications d'ordre pratique destinées à simplifier l'apprentissage.

Le pouvoir étonnant de notre inconscient

Un jour, je suis tombé sur un livre fascinant : « Le pouvoir étonnant de votre inconscient. » Pour la première fois, j'apprenais quelque chose au sujet des immenses possibilités qui sommeillent dans notre inconscient, des facultés, des pouvoirs inutilisés que nous pouvons éveiller, développer, à l'aide de techniques appropriées. Peu après, j'ai découvert qu'il existait des séminaires dont le but était d'activer notre aptitude à apprendre grâce aux pouvoirs de notre inconscient. La mobilisation de ce potentiel nous permet d'apprendre plus facilement, plus vite, d'améliorer notre concentration, notre mémoire, et même notre intelligence.

Enfin, de nouvelles perspectives dont nous pouvons tous profiter.

Il est prouvé scientifiquement que l'homme n'utilise, dans le meilleur des cas, que 20 % de son potentiel cérébral. Un proverbe dit : « Rien n'est mieux réparti au monde que la raison, puisque chacun de nous croit en avoir suffisamment. » C'est spirituel mais faux. Il ne suffit pas de posséder la raison, encore faut-il savoir s'en servir. Nous jouissons de bien d'autres facultés mentales, de pouvoirs insoupçonnés que nous ne savons pas utiliser puisqu'ils ne peuvent être activés que par l'intermédiaire de notre inconscient.

Vous disposez vous aussi d'un ordinateur parfait : votre inconscient. Il fonctionne 24 heures sur 24, mieux et plus vite que n'importe quel ordinateur construit par l'homme et gratuitement. Mais presque personne n'utilise, ne serait-ce une partie de ce potentiel. C'est à vous de changer cet état de choses !

La capacité d'apprendre et d'assimiler de notre inconscient est presque illimitée. Beaucoup de méthodes traditionnelles d'enseignement et d'apprentissage sont dépassées ; cependant nous devons aujourd'hui comme hier apprendre tout au long de notre existence.

La connaissance seule ne suffit pas

Il est généralement admis que la connaissance apporte en société et dans la vie professionnelle, le succès et par conséquent, une assurance intérieure et extérieure. Cette opinion est aussi répandue que fausse : dans la vie, il s'agit d'appliquer cette connaissance acquise. La connaissance en tant que telle, sans la faculté de l'employer à bon escient, ne sert à rien.

Malheureusement, dans nos écoles, il est surtout accordé de l'importance au savoir. Nous devons seul, découvrir comment mettre ce savoir en pratique. Ceux qui ont résolu ce problème réussissent, et les autres les trouvent doués. L'intelligence sans la capacité de l'utiliser de manière sensée et efficace, n'a aucune valeur.

Il a été récemment découvert que l'intelligence se formait très tôt. Un enfant de 4 ans possède déjà 50 % de son potentiel mental, à 8 ans, 80 % de l'intelligence est développée, à 17 ans, l'intelligence est totalement formée et a mûri.

Si des jeunes de 17 ans n'occupent pas les postes-clés de la politique et de l'économie, je pense que c'est parce que l'intelligence tire sa valeur de l'expérience.

Des facteurs de succès plus importants que le quotient intellectuel

Pour réussir, parallèlement à l'intelligence et à l'expérience, d'autres facteurs jouent un rôle décisif. Ainsi, motivation, énergie, persévérance et harmonie intérieure sont plus nécessaires qu'un quotient intellectuel élevé. Un bon pouvoir de concentration et une mémoire développés sont tout aussi indispensables. Savez-vous que vous disposez d'une mémoire absolue ? Aucun détail n'échappe à votre mémoire. Un hypnotisé se souvient exactement de ce qu'il a fait un jour donné, même 20 ans en arrière. Vous pouvez lui demander, par exemple, de quelle couleur était son premier cartable et ce qu'il contenait le jour de son entrée en cours préparatoire, il pourra vous donner tous ces renseignements. Mais tout le monde ne peut pas faire resurgir au moment propice ces informations emmagasinées dans l'inconscient.

Il est très important de sélectionner la méthode d'apprentissage correspondant au but fixé. L'une de ces méthodes développe la mémoire dont nous avons besoin quotidiennement, l'autre est plus indiquée pour apprendre en quelques semaines une langue étrangère. Suivant les dispositions particulières de chacun, une méthode se révèle être plus ou moins efficace. Pour cette raison, je vous propose dans ce livre différentes méthodes. Vous pourrez ainsi choisir, en fonction de vos besoins, celle qui vous convient le mieux.

Nous nous préoccuperons également des conditions qui favorisent l'apprentissage, de l'importance d'une bonne nourriture et de la pratique régulière d'un exercice physique. La réduction de la peur, du stress et autres blocages, accroît l'attention, et souvent permet tout simplement d'apprendre.

Ce livre vous épargnera bien des efforts et vous fera gagner du temps

La préparation du bac ou de n'importe quel autre examen, vous prendra beaucoup moins de temps si vous lisez attentivement, sélectionnez et appliquez la méthode dont vous avez besoin à cet effet. Il vous sera enfin possible de reprendre vos études, d'apprendre un autre métier ou de progresser dans le vôtre, et tout cela parallèlement à votre vie professionnelle. Bien sûr, vous ne devez pas sous-estimer ce livre, mais le considérer comme un outil, un manuel qui vous aidera à parfaire votre formation personnelle, à apprendre avec joie et à tirer le maximum de vos efforts.

Enfin, la vie n'est pas seulement faite pour étudier, et la pratique d'un sport, ou d'un « hobby » demande aussi du temps. Vous en disposerez si vous savez comment apprendre de manière rationnelle. Le but de mon livre est donc de vous donner la possibilité d'apprendre beaucoup, en peu de temps et agréablement.

Remerciements

Depuis plus de 9 ans maintenant, je m'occupe de promouvoir de nouvelles méthodes d'enseignement et d'apprentissage. Au cours de ces années, j'ai rencontré, dans le monde entier, des chercheurs dont l'œuvre a été couronnée de succès et j'ai étudié leurs méthodes. Je vous expose dans ce livre le résultat de ces recherches et de ces études. Les chercheurs que j'ai pu rencontrer ont répondu ouvertement à mes questions. Par exemple, j'ai eu de fructueux rapports aussi bien avec l'Université de Princeton, qu'avec le département de recherche sur la mémoire de l'Université Karl-Marx de Leipzig, ainsi qu'avec l'Institut Ludwig-Boltzmann de Vienne, et le Super-learning Inc. de New York City. Je souhaite remercier le personnel de toutes ces institutions.

Le docteur Losanov qui m'a autorisé à séjourner chez lui, s'est par contre refusé à me donner toute information importante. Plusieurs années m'ont été nécessaires pour réussir à connaître les détails de sa méthode.

En raison de mes longues années d'expérience et de ma préparation très intensive, je suis certain de vous fournir avec ce livre un véritable mode d'emploi pour apprendre désormais, sans effort, n'importe quelle matière de votre choix.

Je ne peux, malgré tout, pas prétendre à la perfection. Ces méthodes seront peut-être dépassées dans 10 ou 20 ans, car comme disait Héraclès : « Tout coule. »

PREMIÈRE PARTIE

COMMENT APPRENDRE AVEC SUCCÈS

CHAPITRE I

QU'EST-CE QUE L'INTELLIGENCE ?

Par intelligence, nous entendons généralement la somme de nos facultés mentales et plus précisément, notre aptitude à penser et à comprendre. Dans notre vie, l'intelligence se révèle être la faculté particulière d'acquérir une connaissance et de l'utiliser. Notre intelligence se sert non seulement de nos sens, mais aussi de notre pensée logique, de notre imagination, de notre intuition et de nos rêveries.

L'intelligence est un ensemble de facultés que nous pouvons développer consciemment.

Bon élève, mauvais élève, quelle signification ?

Un jour pas si lointain, un élève apporta des nouvelles peu réjouissantes à ses parents. Pas spécialement brillant d'habitude, maintenant il était mis à la porte de son école. Le motif de son renvoi : « Sa seule présence trouble les autres élèves et porte atteinte au respect qu'ils doivent éprouver envers leurs professeurs. » Exactement 11 ans après son renvoi, le jeune Albert Einstein, c'est de lui dont il s'agit, publiait trois remarquables traités de physique. De nouveau 10 ans plus tard, il établissait la théorie générale de la relativité. A la suite de cette théorie révolutionnaire, il fut reconnu par tous comme le génie du 20e siècle. Il est fréquent qu'un mauvais élève réalise de grandes choses et qu'un bon élève végète. Dans ma classe aussi, il y avait un élève qui était meilleur que les autres. Je ne parvins jamais à le dépasser et je demeurai, malgré tout mes efforts, l'éternel second.

Quelques années plus tard, je rencontrai mon ancien concurrent. Entre temps, j'avais réalisé tous mes rêves de jeunesse, au-delà de mes espérances. Lui par contre, était devenu comptable dans une usine de céramique et son plus grand désir était d'obtenir un jour la place de son supérieur. Et pourtant, j'avais cru qu'il deviendrait au moins secrétaire général de l'O.N.U.

Qui veut, indépendamment de ses résultats scolaires, développer son intelligence, doit l'exercer constamment. Il doit pouvoir envisager tous les aspects d'un problème ou d'une situation, examiner toutes les possibilités de solutions et les éliminer jusqu'à ce qu'il ait trouvé la meilleure. Il ne doit pas se lamenter au sujet des inévitables erreurs et échecs qu'il commettra sur le chemin du succès. Il devra en permanence apprendre de nouvelles choses et éliminer celles qui lui sont devenues inutiles. Seul réussit celui qui est prêt à renouveler en permanence ses connaissances.

Les éléments de la structure de la personnalité et les cinq facteurs dont dépend l'efficacité

Le contenu d'un enseignement se heurte à la structure individuelle de la personnalité de l'élève. Cette structure est dynamique, c'est-à-dire qu'elle est soumise à des changements permanents. Elle se compose des éléments suivants :

1) La capacité de rendement ou efficacité,
2) L'aptitude à communiquer,
3) La motivation,
4) Le patrimoine intellectuel.

Nous nous intéressons plus spécialement ici, à la capacité de rendement. Elle est composée des facteurs suivants :

1) Intelligence,
2) Pouvoir de concentration,
3) Don,
4) Créativité,
5) Mémoire.

Chacun de ces facteurs comporte quatre aspects :

Obtenir des informations visuelles et les transformer	Intelligence visuelle	Concentration visuelle	Dons visuels	Créativité visuelle	Mémoire visuelle
Faire quelque chose de pratique ou de technique	Intelligence pratique	Concentration pratique	Dons pratique	Créativité pratique	Mémoire pratique
Transformation mentale du matériel verbal	Intelligence verbale	Concentration verbale	Don verbal	Créativité verbale	Mémoire verbale
Utiliser ou travailler avec de la matière chiffrée, la mesure des lois, des choses abstraites	Intelligence calculatrice	Concentration calculatrice	Faculté calculatrice	Créativité calculatrice	Mémoire

Chacune de ces facultés ou capacités est plus ou moins développée en nous. Leur somme nous rend unique. Nous pouvons dire que de ce point de vue, personne n'est identique.

L'intelligence diminue-t-elle avec l'âge ?

Il faut déjà le dire ici, il n'y a pas de rapport entre l'âge et l'intelligence. Le meilleur moyen d'éviter une diminution de l'intelligence en vieillissant est d'apprendre continuellement. Il n'est jamais trop tard pour apprendre, mais il vaut mieux commencer le plus tôt possible. Deux chercheurs américains, N. Bayley et N. Owen ont, après 10 ou 15 ans, de nouveau testé 442 hommes et 346 femmes qui avaient été classés comme très doués lors d'un test précédent. Toutes ces personnes ont obtenu 12 points supplémentaires à ce nouveau test. Ce résultat montre qu'avec l'âge la souplesse intellectuelle, et même l'intelligence, continuent d'augmenter, quand elles sont stimulées à l'aide d'un entraînement approprié. Qui comprend qu'apprendre est l'affaire de toute une vie, a de bonnes chances de rester alerte et productif au moins mentalement, jusqu'à un âge avancé.

RÉSUMÉ

1) L'intelligence se révèle être la capacité mentale particulière qui cherche, emmagasine et utilise la connaissance.

2) Les résultats scolaires ne peuvent donner qu'un aperçu des possibilités intellectuelles futures. Beaucoup de génies étaient de mauvais élèves.

3) Qui veut développer son intelligence doit la stimuler constamment.

4) Nous ne devons pas seulement apprendre toujours de nouvelles choses, mais aussi savoir oublier ce qui devient inutile.

5) L'efficacité et le rendement dépendent de l'intelligence, de la concentration, des dons, de la créativité et de la mémoire.

6) Chacun de ces facteurs peut être examiné sous quatre aspects : l'intelligence visuelle, pratique, verbale et calculatrice.

7) Afin d'éviter une dégénérescence de l'intelligence, il est indispensable d'apprendre en permanence.

CHAPITRE II

LES BASES DE L'ART D'APPRENDRE ET SES PROCÉDÉS

Confucius découvrait il y a 2 500 ans qu'il existe trois manières d'apprendre :

1) **Apprendre par imitation**

Chaque enfant est obligé d'imiter le comportement des autres, au début sans en comprendre le sens exact. Il est impossible d'imiter quelqu'un parfaitement et encore moins de le surpasser de cette manière. S'il n'existait que cette forme d'apprentissage, le savoir humain diminuerait constamment.

2) **Apprendre en essayant, en faisant des erreurs et en réussissant**

Le psychologue Edward Lee Thorndike (1874-1949) a réalisé des expériences révélatrices concernant cette forme d'apprentissage. Il mit un chat dans une cage et déposa de la nourriture à l'extérieur. Naturellement le chat essaya d'atteindre la nourriture, et dû, à cette fin, trouver un moyen pour sortir de la cage. Il essaya différentes solutions (phase de l'essai) tout d'abord sans résultat (phase de l'erreur) jusqu'à la réussite (phase de succès). Maintenant le chat savait comment sortir de sa prison et il trouvait le chemin de la sortie beaucoup plus vite quand la nourriture était particulièrement alléchante ou sa faim plus grande (motivation). Plus l'expérience se répétait, plus il trouvait la sortie facilement (loi de la répétition).

3) Apprendre en raisonnant

Dans cette forme d'apprentissage, les essais sont superflus. Il suffit de passer en revue mentalement les différentes possibilités offertes et d'écarter celles qui ne conviennent pas, pour trouver la meilleure solution d'un problème. Confucius a dit :

« Un homme normal apprend de ses erreurs, un homme intelligent, des erreurs des autres et un idiot, pas même des siennes. »

Nous apprenons tous de ces trois manières. En mûrissant intellectuellement nous utilisons de plus en plus la troisième forme d'apprentissage : apprendre en raisonnant. Nous apprenons à raisonner en réfléchissant.

La formation des voies d'association chez le nouveau-né

La manière de percevoir et de réagir se forme pendant les premières semaines de la vie. Percevoir et penser, apprendre et oublier, dépendent de voies d'association qui se développent en grande partie pendant les trois premiers mois de la vie et forment une structure très différenciée quand le nouveau-né est mentalement stimulé.

Au début de son existence, l'enfant prend visuellement possession du monde environnant. Pour cette raison, une mère ne peut mieux faire, pour l'intelligence de son enfant, que de beaucoup s'occuper de lui. Elle devrait lui montrer différents objets, les lui laisser toucher, les lui nommer et surtout beaucoup lui parler. Pendant ces premiers mois se développe chez le petit enfant la faculté d'apprendre de manière visuelle, auditive et cinétique (imitatif et tactile).

Ses chances d'assimiler, d'emmagasiner et de se souvenir des informations, seront plus grandes si ces différents moyens de percevoir ont été suffisamment stimulés pendant cette période de sa vie.

Apprendre plus facilement en utilisant ses émotions et en assimilant simultanément à différents niveaux

Vous devriez essayer de ressentir des émotions positives par rapport à votre travail et au but que vous vous êtes fixé comme la curiosité, l'enthousiasme, la joie. C'est déjà un premier pas vers la mémorisation à différents niveaux de ce que vous souhaitez apprendre. Vous devez, d'autre part, essayer d'établir une relation entre ce que vous apprenez et ce que vous connaissez déjà, et visualiser les applications possibles de ce que vous apprenez, trouver une relation entre la théorie et la pratique. De cette manière, vous liez ce que vous apprenez à des connaissances déjà assimilées et mémorisez ce que vous apprenez à différents niveaux simultanément. Il vous sera plus facile au moment voulu de vous remémorer ces nouvelles connaissances.

Que retenons-nous le plus facilement ?

Une étude effectuée sur une fraction représentative de la population adulte a montré que nous retenons :

— 20 % de ce que nous avons seulement entendu,
— 30 % de ce que nous avons seulement vu,
— 50 % de ce que nous avons vu et entendu,
— 90 % de ce que nous avons fait nous-même.

Bien sûr, ce test ne tenait pas compte des aptitudes particulières de chacune des personnes testées. Il montre, de manière indiscutable, que nous retenons mieux ce que nous voyons que ce que nous entendons, et que la combinaison des deux, facilite notre mémorisation des informations. Il ressort principalement des résultats que lorsque nous avons nous-même fait quelque chose, nous nous en souvenons mieux.

Les deux structures fondamentales de la pensée

Penser, apprendre et se souvenir sont, comme je l'ai déjà dit, indissociable. Penser sans la capacité d'apprendre ou de se souvenir de ce qui a été entrepris, serait absolument dénué de sens.

D'après Dietrich Dörner, nous distinguons deux structures de la pensée : l'épistémologique et l'heuristique.

L'épistémologique se rapporte aux faits et l'heuristique est la structure de pensée dont découle l'esprit d'invention et la créativité.

Dans le cas de la pensée productive, favorisée et demandée dans nos écoles, l'apprentissage dépend de la structure épistémologique, c'est-à-dire qu'il s'agit, en priorité, d'assimiler des faits. La vie pratique nous demande, elle, de penser créativement, ce qui se passe au niveau de la structure heuristique, sous-développée chez la plupart des individus.

Nous devons prendre des décisions, comparer des situations, tirer des conséquences et nous adapter aux circonstances. Cela ne réussit qu'à l'aide de la pensée créative et productive. Malheureusement, notre système scolaire et universitaire nous laisse seul le soin de développer la pensée productive. De ce processus dépend l'échec ou la réussite de notre vie entière.

Les facteurs qui conditionnent la pensée

Puisque nous parlons de la pensée, je citerai les facteurs qui la précèdent et la conditionnent :

— la perception,
— le don de l'observation,
— l'imagination.

Le degré de développement de ces aptitudes mentales détermine la qualité et la quantité des informations qui nous atteignent. L'ensemble des impressions gagnées de cette manière, forme l'essentiel de notre réalité individuelle.

En nous fondant sur ce que nous pouvons percevoir ou imaginer, nous décidons quelle est des trois manières de penser citées ci-dessous, la mieux adaptée pour trouver la solution de notre problème.

Les trois manières de penser

En fonction de conditions subjectives et objectives, nous décidons d'utiliser l'une des trois manières de penser suivantes :

— *La pensée intuitive*

Les démarches qui conduisent à la résolution du problème ne sont pas encore connues. La pensée intuitive tâte le terrain afin d'indiquer un chemin praticable. La solution se présente souvent sous la forme d'une série d'éclairs.

— *La pensée conséquente*

La solution est l'aboutissement d'une succession progressive de raisonnements, découlant l'un de l'autre, mais sans pour autant respecter les lois de la logique formelle.

— *La pensée stratégique*

Il s'agit surtout ici de sélectionner la meilleure des solutions possibles.

Que nous employions l'une ou l'autre de ces formes de penser, nous ne devrions pas compter sur un succès immédiat. Nous devons malgré tout adopter une attitude positive vis-à-vis de tous les problèmes qui se présentent, puisqu'une des conditions à notre existence est d'être confronté à des difficultés. Nous ne devons pas capituler mais mûrir à leur contact.

Comment résoudre tout problème en quatre étapes successives

Lorsque nous adoptons une attitude positive face à un problème, sa solution nous apparaît, souvent, spontanément. Il est possible que cette solution soit si désagréable, que nous ne puissions pas l'accepter consciemment ou que nous l'acceptions mais sans avoir le courage de l'appliquer.

Le destin, que nous rendons responsable de bien des choses, ne nous met pas en présence de difficultés insurmontables, nous pouvons en être sûr. Au contraire, il serait plus exact de dire que tout problème nous invite à trouver sa solution de toutes nos forces. Si nous y sommes prêts, la plupart des problèmes sont susceptibles d'être résolus facilement.

Les démarches suivantes se sont révélées être très utiles.

Première étape : *Confrontation au problème*

Beaucoup de gens échouent avant d'avoir commencé, ils essaient de fuir le problème. C'est absurde, car un problème non résolu se représente sous la même forme ou sous une autre jusqu'à sa solution. Comme le dit le proverbe : « C'est reculer pour mieux sauter. »

Nous devons au cours de cette phase essayer de cerner le problème et de le définir. Quand le problème et ses composants sont clairement définis, souvent une amorce de solution est en vue.

Deuxième étape : *Préparation de la solution*

Nous connaissons le problème mais ne savons pas encore comment le résoudre. Il s'agit en quelque sorte d'une période d'incubation. Nous contrôlons toutes les informations dont nous disposons et réfléchissons aux détails. Puis nous transmettrons le tout à notre inconscient qui continue le travail.

Le soir, avant d'aller se coucher est le meilleur moment de la journée pour le faire. Avant de nous endormir, nous revoyons, en pensée, toutes les informations disponibles et les adaptons au langage de l'inconscient, c'est-à-dire que nous les transformons en images. Nous projetons ces images sur un écran mental, comme au cinéma. Beaucoup de lacunes se comblent d'elles-mêmes. Puis nous laissons problèmes et informations correspondantes de côté et nous nous endormons tranquillement. En nous réveillant, nous revoyons tout encore une fois et contrôlons si notre inconscient nous donne de nouvelles informations, ou peut-être la solution déjà complète. Nous relions les nouveaux aspects ou informations avec ce qui est connu et nous examinons les nouvelles possibilités qui s'offrent à nous. Nous pouvons le faire aussi souvent que nécessaire. Nous trouverons, de cette manière, certainement plusieurs solutions.

Troisième étape : *Examen des solutions éventuelles*

Au cours de cette phase, nous passons mentalement en revue toutes les solutions éventuelles et choisissons la meilleure. Il est en général plus facile de toujours éliminer les solutions les plus mauvaises jusqu'à ce qu'il n'en reste qu'une qui sera la meilleure. Nous pouvons également mettre à l'épreuve des parties de solution juqu'à ce que nous possédions la solution intégrale. Elle se présente souvent dans ce cas, sous la forme d'une illustration.

Quatrième étape : *Appliquer la solution*

Au cours de cette phase, la solution se révèle être réalisable ou non. Si elle ne l'est pas, nous recommençons le même processus depuis le début. Mais dans la plupart des cas, il s'agit plutôt de faire preuve de patience, de persévérance et de précision pour mener à bien notre entreprise.

Le problème résolu, nous devons parfaire sa solution afin de la rendre fiable et durable.

Aucune des quatre étapes ne doit être exécutée superficiellement, la réussite de chaque nouvelle étape dépend de la précédente. Par exemple, nous pouvons exécuter scrupuleusement la deuxième phase, mais si le problème n'a pas été suffisamment défini, cela ne nous servira à rien. Ne vous laissez pas tromper par des solutions qui semblent trop évidentes.

Le questionnaire le plus simple du monde

Répondez aux questions suivantes :

1) Combien de temps à duré la guerre de 100 ans ?
2) Quel est le pays d'origine du baume péruvien ?
3) Où sont fabriqués les panamas (chapeaux) ?
4) Pendant quelle saison se déroule la pièce de Shakespeare : « Le songe d'une nuit d'été » ?
5) Quel était le prénom de Georges VI ?

Les réponses semblent tellement évidentes que nous pourrions en oublier de réfléchir. Voici les réponses exactes :

1) La guerre de 100 ans entre la France et l'Angleterre dura de 1337 à 1453, c'est-à-dire 116 ans.
2) Le baume péruvien vient du Salvador.
3) Les panamas sont fabriqués en Équateur.
4) La pièce de Shakespeare : « Le songe d'une nuit d'été » se déroule le 30 avril, pendant le sabbat, donc au printemps.
5) Georges VI avait pour prénom Albert.

Il faut toujours tout remettre en question

Nous devons remettre en question même ce qui semble être évident, cela nous évite de faire bien des erreurs. Très souvent la solution d'un problème demeure insaisissable, simplement parce que nous nous fondons sur des informations que nous pensons être fiables et qui ne le sont pas. Les gens qui réussissent à résoudre leurs problèmes possèdent quelque chose que ceux qui échouent n'ont pas ou peu : la faculté de tout remettre en question et de contrôler minutieusement les composants d'une solution. Persévérance, minutie et patience sont indispensables, et nous ne devons pas nous décourager en chemin.

Vous ne devez pas oublier qu'un problème contient toujours sa solution, et qu'en cherchant méthodiquement, vous pourrez la trouver.

Vous pouvez vous entraîner à appliquer cette méthode qui consiste à d'abord préciser le problème puis à cerner sa solution de plus en plus étroitement, de manière systématique, jusqu'à ce que vous l'ayez assimilée et que cela soit devenu un automatisme.

Lorsque vous y serez parvenu, vous résoudrez, avec plaisir, vos problèmes et ceux des autres s'ils le souhaitent et si c'est nécessaire.

Aucune solution ne semble exister, que faire ?

Il est possible qu'après une analyse détaillée de la situation, vous arriviez à la conclusion suivante : dans les circonstances actuelles, aucune solution n'est réalisable. Ce n'est pas pour autant une raison d'échec. Dans ce cas, agrandissez votre champ d'investigation.

1) Dans quelles conditions puis-je appliquer une solution ?

2) Comment puis-je créer le plus vite, le plus sûrement et le plus facilement ces conditions ?

Il existe aussi des problèmes qui, en raison de conditions immuables, ne peuvent être résolus. Une nouvelle attitude de votre part vous aidera souvent à surmonter ces difficultés. Vous devez, par exemple, vivre sous le même toit que votre belle-mère alors que vous ne pouvez pas la supporter. Si celle-ci, pour des raisons financières, ne peut vivre ailleurs, changez d'attitude.

Dites-vous que personne n'est parfait, vous non plus, mais que malgré tout vous trouvez normal que votre entourage vous accepte. Quand vous l'aurez compris, il vous sera plus facile d'accorder aussi à votre belle-mère le droit d'être imparfait et de l'accepter telle quelle à l'avenir. Votre vie commune se révèlera supportable beaucoup plus vite que vous ne le pensiez. Si vous autorisez quelqu'un à avoir trois gros défauts, vous pourrez vivre avec le reste sans trop de difficultés.

Je ne peux pas vous promettre que votre vie se déroulera sans problème à partir d'aujourd'hui mais je peux vous assurer qu'en utilisant la méthode que j'ai décrite ici, c'est-à-dire en examinant en détail toutes les possibilités, vous trouverez toujours une solution.

Un test

Ce problème épineux va vous aider à tester vos progrès. Un paysan avait trois fils. A sa mort il leur laissa, par testament, tous ses biens et entre autres 17 chevaux.

D'après le testament, l'aîné devait recevoir la moitié de tous les biens, le cadet, un tiers, le benjamin, un neuvième. C'était bien, mais comment diviser 17 chevaux par trois ? En respectant les dernières volontés de leur père, l'aîné devait recevoir 8 chevaux, le cadet 5 et 2/3 et le plus jeune presque 2 chevaux.

Les frères désemparés allèrent trouver un sage pour lui demander aide et conseil. L'homme leur conseilla d'acquérir un cheval puisque le problème serait soluble avec 18 chevaux et il leur proposa aussitôt de leur prêter le cheval manquant.

Comme ils ne voyaient pas comment le rendre, d'abord ils refusèrent. Le vieil homme les calma et commença à diviser les chevaux. L'aîné en reçut 9, le cadet 6, et le plus jeune 2. Ils étaient tous très satisfaits. Lorsqu'ils eurent pris possession de ce qui leur revenait, quelle ne fut pas leur stupéfaction en voyant qu'il restait un cheval. Ils purent donc le redonner au vieil homme.

Comment est-ce possible ? Je ne vous le dirai pas. Vous devez, en procédant comme je l'ai indiqué dans ce chapitre, trouver le truc de cette solution très sage.

RÉSUMÉ

1) Les trois manières de base d'apprendre : imiter, essayer, faire des erreurs et réussir, apprendre en raisonnant.

2) Pendant les trois premiers mois de la vie se forment les voies d'association. Le mieux qu'une mère puisse faire pour son enfant, est de s'occuper le plus possible de lui pendant cette période, de le stimuler en tenant compte de ses capacités afin d'activer son intelligence et sa perception.

3) Les émotions qui favorisent l'apprentissage sont : la curiosité, la joie, l'enthousiasme et la fascination. Lorsque nous assimilons à différents niveaux simultanément, en opérant des liaisons transversales, nous nous souvenons mieux de ce que nous apprenons.

4) Nous retenons en moyenne :

— 20 % de ce que nous avons seulement entendu,
— 30 % de ce que nous avons seulement vu,
— 50 % de ce que nous avons entendu et vu,
— 90 % de ce que nous avons fait nous-même.

5) Nous distinguons deux structures fondamentales de la pensée : L'épistémologique, la structure de pensée liée au savoir, et l'heuristique, la structure de base de la pensée créative. La réussite de notre vie dépend beaucoup de la pensée créative.

6) Les facteurs qui précèdent la pensée et la conditionnent sont : la faculté de percevoir, le don de l'observation, et l'imagination. La qualité de ces facteurs détermine quelles informations nous atteignent et de quelle manière.

7) Nous distinguons trois catégories de la pensée : l'intuitive, la conséquente, et la stratégique.

8) En adoptant une attitude positive vis-à-vis d'un problème, nous trouvons plus facilement sa solution. La résolution d'un problème se décompose en quatre phases :

1. Confrontation au problème,
2. Assimilation des composantes,
3. Vérification des solutions possibles,
4. Application de la solution.

9) Quand aucune solution ne semble réalisable en fonction des circonstances, nous devons étendre notre champ d'investigation.

Dans quelles conditions puis-je appliquer une solution ?

Comment puis-je créer le plus vite, le plus facilement, et le plus sûrement ces conditions ?

10) Il faut éventuellement changer d'attitude vis-à-vis d'un problème qui ne peut être résolu.

CHAPITRE III

LES FACTEURS QUI CONDITIONNENT L'APPRENTISSAGE

Nous devons aussi apprendre à apprendre

Nous avons appris un jour tout ce que nous savons faire. Nous avons appris à marcher, à écrire, à parler, à nager, à compter, ainsi qu'un métier et une ou deux langues étrangères. La seule chose que nous n'ayons jamais apprise c'est comment apprendre correctement. Pourtant ce devrait être la matière principale de tout enseignement. Cette aptitude joue un rôle fondamental toute notre vie durant. Nous apprenons pendant des années au lycée une langue étrangère mais nous nous apercevons en allant dans le pays d'origine que cette connaissance ne peut pas nous servir à grand-chose.

Et pourtant, si nous jetons un regard en arrière dans le temps, nous constatons que les connaissances d'un écolier d'aujourd'hui auraient abasourdi les plus grands savants de l'Antiquité. Autrefois la plupart des rois et des empereurs étaient analphabètes, et les opérations de calcul ne sont possibles que depuis l'introduction des chiffres arabes. Nous pouvons en conclure que nous avons seulement commencé à développer notre aptitude à apprendre.

Il est malgré tout décevant de constater que l'introduction des nouvelles méthodes d'apprentissage progresse si lentement. Dans le monde entier, des écoliers et des étudiants apprennent assis dans leur chambre, dans les bibliothèques, les parcs ou ailleurs. Le contenu d'un enseignement diffère en fonction des structures politiques de la société et selon les conditions historiques et culturelles ; mais on apprend partout de la même manière. C'est comme si un agriculteur labourait ses champs à notre époque à l'aide d'une charrue en bois. Nous travaillons mentalement de cette manière et nous nous préparons ainsi à répondre aux conditions de la vie moderne. Les écoliers et les étudiants d'aujourd'hui apprennent tellement irrationnellement qu'une minorité seulement arrive à acquérir les connaissances dont nous avons besoin à l'heure actuelle.

Ils essaient de compenser par la peine leurs méthodes d'apprentissage désuètes peu économiques.

Ils sont tous persuadés qu'apprendre doit être laborieux. Pourtant la seule chose qui compte sont les résultats.

La plupart des étudiants négligent leur santé. Il ne leur reste que peu de temps pour satisfaire le besoin qu'a leur corps en exercice physique. Quand ils fument, ils n'ont pas le temps d'aérer leur chambre, pas le temps de respirer profondément. Ils attendent cependant un rendement élevé de leur cerveau.

Tous ces efforts seraient superflus s'ils apprenaient à apprendre à l'école. Nous ne connaissons pas encore en détail les processus chimiques qui s'effectuent dans notre cerveau lorsque nous apprenons, mais notre savoir nous permet déjà de faire de l'apprentissage, loin de toute torture, une activité intéressante qui prépare à la vie.

L'intelligence peut s'acquérir

Nous savons que les dons, les talents ou simplement l'intelligence sont peu déterminés par l'hérédité. Ces qualités peuvent être obtenues et acquises jusqu'à un âge avancé.

Malheureusement la plupart des étudiants sont incapables de se faciliter l'apprentissage et de développer leur propre programme. Quand quelqu'un arrive à développer une méthode d'apprentissage efficace et l'applique dans sa vie, les autres le considèrent comme étant très doué ou comme un génie. J'ai eu l'occasion d'étudier les méthodes de travail de plusieurs génies et à ma grande surprise, j'ai constaté qu'elles étaient toutes simples. Ils utilisent leurs méthodes de travail de manière conséquente. Il existe des facteurs et des conditions qui facilitent l'apprentissage et d'autres qui le rendent difficile, voire impossible. Naturellement il est très important pour vous de les connaître.

Comment apprenez-vous le mieux ?

Si vous voulez apprendre de manière optimale, vous devez savoir si vous apprenez mieux acoustiquement, visuellement, ou si vous devez essayer de faire quelque chose pour vous en souvenir. Comme je l'ai dejà dit, 80 % d'entre nous apprennent mieux visuellement. Ils assimilent mieux ce qu'ils voient.

Ceux qui sont plus doués acoustiquement, assimilent mieux en se lisant un texte à haute voix et en répétant ce qu'ils doivent savoir. Ceux qui doivent exécuter quelque chose pour s'en souvenir, devraient écrire ce qu'ils doivent apprendre. Bien sûr, c'est une distinction un peu grossière. Personne n'est exclusivement doué acoustiquement par exemple, mais chacun de nous possède plutôt toutes ces facultés à un stade plus ou moins développé.

Où apprenez-vous le mieux ?

Vous devez aussi savoir où vous travaillez le mieux. Beaucoup préfèrent apprendre dans leur chambre, à leur bureau, dans un fauteuil, ou au lit. D'autres iront plus volontiers dans une bibliothèque ou un café.

J'ai eu un jour un patient qui apprenait tous ses rôles dans le train qu'il prenait régulièrement pour se rendre à son lieu d'engagement. Depuis que cet auteur travaillait dans la villa où il habitait, il lui devenait de plus en plus difficile de mémoriser ses textes. Au début mes efforts pour l'aider ne donnèrent rien. Un jour cependant, je decouvris qu'il avait besoin du bruit de fond d'un train en marche pour apprendre son texte. Nous n'avons pas du tout essayé de changer cette habitude profondément ancrée. Aujourd'hui, il prend de temps en temps un aller et retour Cologne-Fribourg et apprend son rôle pendant le trajet.

Un de mes amis, qui possède un pavillon très confortable, apprend beaucoup mieux dans la salle d'attente d'une gare. Il a simplement besoin d'être entouré d'une masse anonyme de gens pour être en mesure de travailler concentré.

Ces deux hommes ont trouvé leur style inhabituel d'apprentissage personnel. Vous devez vous aussi découvrir l'ambiance qui vous stimule particulièrement. La majorité d'entre nous, contrairement aux deux exemples que je viens de citer, est programmée à ressentır tout bruit comme une perturbation. Nous sommes obligés d'apprendre dans le plus grand silence. Une moto qui passe nous arrache à notre concentration. Il est possible de se dire que les bruits sont une des manifestations de la vie et que nous ne pourrions pas vivre sans eux. Oui, à l'aide d'une suggestion adéquate, nous pouvons nous programmer et nous servir des bruits pour renforcer notre concentration.

Utilisez votre phase la plus productive

La qualité du temps est un autre facteur important que vous ne devez pas ignorer. Le temps ne possède pas seulement une durée, mais également une certaine qualité. Nous avons des phases de grande productivité et d'autres où nous sommes tout juste bons à régler des affaires de routine. Si nous n'en tenons pas compte et essayons de donner notre maximum pendant une phase peu productive, le résultat ne sera pas ce qu'il devrait être.

Essayez donc de savoir si vous êtes diurne ou nocturne, et à quelle heure du jour ou de la nuit vous êtes le plus productif. Exécutez à l'avenir tous vos travaux difficiles pendant votre phase de haute productivité.

Tenez compte de votre rythme intérieur

Nous possédons tous un rythme propre. En dehors de toute influence, nous nous réveillons tous les matins à la même heure et nous nous sentons fatigué tous les soirs au même moment. Nous avons faim tous les jours presque à la même heure et notre courbe de productivité est, elle aussi, dépendante de ce rythme. Les facteurs extérieurs conditionnent peu notre rythme personnel. L'hérédité et les habitudes l'ont ancré profondément en nous. Des individus totalement coupés du monde extérieur conservent leur rythme encore longtemps. Les scientifiques ont parlé de l'horloge interne de l'homme. On parle beaucoup ces derniers temps de l'enseignement de la biologie rythmique. Elle nous montre que l'énergie d'un homme est soumise à des fluctuations qui se répercutent sur sa santé et sa productivité. Les travailleurs et les étudiants entre autres, sont obligés, en raison d'horaires fixes, de vaquer à leurs occupations sans tenir compte de leur rythme intérieur. Pensez seulement aux travailleurs qui font les 3 × 8, ou aux pilotes de ligne, ou encore à ceux qui travaillent dans la restauration, qui n'ont même pas droit à un repos mérité.

Cela ne change rien au fait qu'en fonction de notre rythme intérieur, nous avons des phases de travail et de détente idéales que nous connaissons et que nous devons respecter dans la mesure du possible.

Faites-vous un emploi du temps et respectez-le

D'un autre côté, cela ne veut pas dire que nous ne pouvons travailler ou apprendre qu'en fonction de notre rythme. Les exemples précédents parlent d'eux-mêmes. Du reste, tout élève est obligé quotidiennement d'apprendre peu de temps après son petit déjeuner. A ce moment de la journée, presque personne ne peut travailler de manière optimale.

Il est conseillé de respecter son rythme personnel, comme je l'ai déjà dit, dans la mesure du possible. Mais si vous apprenez tous les jours à la même heure, votre organisme au bout d'un certain temps, s'adaptera à cet emploi du temps et vous pourrez donner le meilleur de vous-même. Tous ces conseils n'ont finalement qu'un but, vous convaincre de l'importance d'un emploi du temps exactement respecté.

Faites attention à votre capital temps

Où apprenons-nous à gérer notre temps ? C'est pourtant aussi important que de savoir diriger des personnes ou de posséder des qualités de rhétorique. Vous déterminez en grande partie votre réussite en gérant votre temps correctement. Nous pouvons aussi apprendre comment bien utiliser notre temps.

Seul celui qui ne réussit pas n'a jamais le temps. Regardez autour de vous et vous verrez que celui qui réussit à toujours du temps pour des choses importantes. Veillez à ce que personne ne vous vole votre temps. Le temps que l'on vous vole est perdu à jamais. Il existe des gens qui sont passés maîtres dans l'art de voler le temps des autres. Ils gaspillent le leur par la même occasion. Il existe partout de tels individus, peut-être un voisin qui vous entretient de la pluie et du beau temps alors qu'un travail pressant vous attend. Protégez votre capital temps.

Le temps ce n'est pas seulement de l'argent, c'est surtout un élément vital.

Évitez les émotions destructives

Essayez de neutraliser ou de transformer positivement tout accès de peur. Sous l'emprise de la peur, notre organisme produit des hormones qui renforcent notre rendement physique mais bloquent pensée et faculté d'apprendre. Ce mécanisme remonte à la préhistoire et nous permettait de fuir très vite en cas de danger.

Donc ne vous faites pas peur en pensant par exemple : « Maintenant arrive un passage très difficile » ou encore « c'est certainement très compliqué ». La peur est certainement l'impulsion la plus négative qui existe. La colère, l'envie, la haine sont aussi des émotions destructives qui peuvent avoir de l'influence sur votre apprentissage.

Pour cette raison observez une bonne hygiène psychologique. Le soir avant de vous coucher, passez en revue mentalement votre journée, et libérez-vous des accès d'émotions destructives. Devenez positif et essayez de vous éloigner des problèmes et des conflits de la journée terminée. Entraînez votre inconscient à vous montrer le bon chemin. Réjouissez-vous de la perspective de la nouvelle journée qui vous attend, et prenez deux ou trois résolutions concrètes. Organisez mentalement le lendemain de manière optimale.

Apprendre à dire non et à écouter

Si vous apprenez à dire non, vous vous éviterez beaucoup de problèmes futurs. Ne vous sentez jamais obligé de faire quelque chose que vous avez envie de refuser.

Un « non » franc est souvent bien mieux qu'un « oui » à regret. Apprenez à bien écouter. Écouter est un processus actif qui consiste à recevoir des informations et à analyser l'opinion d'une autre personne. Puis vous devez sélectionner ce qui est important, simultanément comparer ces informations avec vos propres connaissances et établir un parallèle entre votre opinion et celle de cette personne.

Écouter ce n'est pas du tout assimiler passivement des informations, au contraire, cela nécessite un travail mental intensif. Apprendre, en tant qu'auditeur quelque chose de nouveau, d'intéressant ou de passionnant nous rempli de joie ; vous vivrez sciemment un élargissement de votre horizon, et dans certaines circonstances, de votre conscience.

Écouter est souvent plus rentable que parler surtout au cours de négociations ou de discussions commerciales.

Des circonstances qui gênent l'apprentissage

Il est aussi important de modifier les conditions qui rendent l'apprentissage difficile que d'utiliser tous les facteurs qui le facilitent. Nous devons connaître ces conditions défavorables pour les éviter.

La température de la pièce où nous travaillons doit être agréable. Lorsque la température est trop basse, nous nous intéressons plus à nos frissons qu'au reste, trop chaude, nous devenons paresseux.

La digestion d'un bon repas provoque un apport de sang dans les régions viscérales. Notre cerveau s'en trouve moins bien irrigué et notre productivité mentale baisse. Nous ne pouvons pas non plus bien travailler quand notre estomac crie famine.

A ce propos, je dois souligner que je sais très bien que des étudiants ont réussi leurs études en apprenant dans une chambre mal chauffée, le ventre vide. Mais nous étudions ici les facteurs qui favorisent l'apprentissage et non pas ceux qui ont permis à des personnes désavantagées de réussir malgré tout à atteindre leur but.

L'éclairage joue aussi un grand rôle. Une lumière trop vive fait mal aux yeux et nous nous fatiguons vite. Par contre une lumière faible, tant que nous ne ressentons pas de fatigue visuelle, exerce nos yeux et n'est pas nocive.

Naturellement, nous devons avoir suffisamment d'oxygène et d'air frais là où nous travaillons. Notre cerveau est le plus grand consommateur d'oxygène de notre corps. A lui seul, il utilise à peu près 20 % de l'oxygène que nous respirons. Bâiller n'est pas automatiquement un signe d'ennui, il se peut qu'il n'y ait pas suffisamment d'oxygène dans la pièce ou que vous manquiez de mouvement. Beaucoup d'entre nous souffrent à l'heure actuelle d'un manque d'exercice physique et de ses conséquences. Il ne suffit pas de remonter sa montre après le repas. Notre corps est un ensemble articulé extrêmement intelligent qui ne peut fonctionner correctement s'il manque d'exercice. Nous devons donc, au moins une fois par jour, faire un effort physique qui provoque une sudation.

L'importance d'une bonne nourriture

Pour réussir dans votre apprentissage, vous devez bien manger. Vous connaissez certainement l'importance d'un apport quotidien en vitamines et oligo-éléments.

Si vous mangez 2 à 3 fois par semaine des sardines à l'huile, aliment très riche en phosphore, votre capacité d'apprendre et de mémoriser s'améliorera notablement. Si vous absorbez 30 à 60 grammes de lécithine, votre puissance de travail augmentera environ de 25 % pendant 4 ou 5 heures. Vous trouverez la lécithine sous forme de granulés chez votre pharmacien ou dans un magasin de régime. Cela peut vous être utile en cas d'examen, de négociations ou conférences par exemple. La lécithine est un fortifiant des nerfs, riche en protéines et en choline. Celle-ci est indispensable à la formation de l'acétylcholine, médiateur chimique dans la transmission de l'influx nerveux.

Les travailleurs de force ont sans doute besoin d'une nourriture très énergétique, riche en protéines et en graisses. Mais celui qui a une activité sédentaire, comme l'étudiant, devrait faire preuve de retenue en ce qui concerne l'absorption de graisses.

Nombre de maladies cardio-vasculaires sont dues à une alimentation trop riche en graisses.

La salade, les légumes et les fruits sont à conseiller aux travailleurs intellectuels. Et surtout, ils ne doivent pas trop manger. Ce qui était bon pour nos grands-parents, paysans ou travailleurs de force, ne l'est pas pour nous, dans nos conditions de vie actuelle. Vous pouvez manger ce dont vous avez envie, mais avec mesure.

Quand la nourriture n'est pas trop abondante, qu'elle est saine et variée, il n'est pas nécessaire d'avaler toutes sortes de pilules, fortifiants ou autres. Ils sont très prisés mais pas indispensables et à la longue peuvent être préjudiciables.

Que faire en cas de trac ou de peur des examens ?

En cas de trac, « Strophantus D 2 » est efficace. Il faut en prendre de 10 à 15 gouttes avant le moment décisif. Il agit pendant 2 ou 3 heures, suivant l'intensité des efforts requis. Je vous conseille de tester son action, vous pouvez ainsi être sûr de son action sur vous et doser en conséquence.

D'après mon expérience, « l'Argentum Nitricum D 30 » est très utile en cas d'état fébrile avant un examen, en voici les symptômes : nervosité, mauvais sommeil, surexcitation et un dérangement intestinal. On prend 10 gouttes tous les 10 jours. Il peut effectivement agir pendant 14 jours.

On peut prendre également de « l'Argentum Nitricum D 12 » si l'on en croit pas à cet effet de longue durée. Il faut en prendre 10 gouttes tous les jours. La dose la plus forte correspond à l'action la plus courte.

Il reste le cas de la dépression qui se produit à la suite d'un examen passé sans problème, quand la tension se relâche. On peut absorber dans ce cas, trois fois par jour 10 gouttes de « Gelsemium D 6 ». Cette préparation est aussi indiquée quand quelqu'un supporte difficilement l'attente qui précède la parution des résultats d'un examen ou d'un concours.

Un fortifiant ou un calmant léger peuvent aider dans certaines situations. L'utilité de la lécithine a déjà été citée. Le trac peut être très gênant. A quoi cela sert-il de tout savoir parfaitement si à cause de notre nervosité, nous sommes incapables d'en fournir la preuve.

Conseils qui facilitent l'apprentissage

En principe nous devons représenter et projeter sur un écran mental le sujet que nous désirons apprendre. C'est-à-dire que devons adapter les images au langage de l'inconscient.

Nous pouvons classer plus facilement une image et mieux nous en souvenir que de n'importe quel concept abstrait.

Comme je l'ai déjà dit, la majorité d'entre nous apprend mieux de manière visuelle, donc à l'aide de textes (et bien sûr d'images) que nous pouvons voir. Nous pouvons nous souvenir concrètement de pages de livres avec titres, sous-titres et passages de texte.

Ceux qui mémorisent mieux, ce qu'ils voient et font, peuvent s'aider en soulignant les passages importants, en ajoutant des notes, ou tout autre signe comme les flèches par exemple.

Si nous désirons revoir un sujet déjà appris nous ne devons pas le faire dans les mêmes conditions que la première fois. En changeant l'ambiance, l'heure de la journée et l'ordre dans lequel nous la revoyons, nous assimilons en faisant jouer d'autres voies d'association et nous nous en rappellerons encore plus facilement par la suite.

Nous ne devons pas apprendre des choses qui se ressemblent l'une à la suite de l'autre. Il se produit dans ce cas un blocage, nommé d'après son inventeur, le psychologue hongrois P. Ranschburg (1870-1945), le blocage de Ranschburg. Le professeur Losanov, qui a étudié cette forme particulière d'inhibition, est arrivé aux mêmes conclusions.

Si vous avez décidé de suivre des cours qui demandent de l'énergie et du temps, comme par exemple un cours de comptabilité, cherchez des amis qui poursuivent le même but et apprennent avec plaisir. Il n'est pas nécessaire que ces amis soient de vraies encyclopédies, il suffit qu'ils apprennent avec plaisir. Il faut que tous les participants se stimulent les uns les autres à apprendre plus, plus vite et en s'amusant. Apprendre en groupe peut être très agréable et rien n'est plus stimulant qu'une saine concurrence.

Il est vital de renouveler ses connaissances

J'ai déjà dit que les personnes âgées sont tout aussi capables d'apprendre que les jeunes. Notre productivité peut même augmenter si nous nous intéressons en permanence à de nouvelles connaissances et ne laissons pas notre cerveau végéter. Je connais une dame qui a passé son baccalauréat à 72 ans pour pouvoir mieux aider sa petite-fille à faire ses devoirs.

A notre époque, la connaissance humaine double à peu près tous les 10 ans. Le monde se transforme si vite, que beaucoup d'individus d'aujourd'hui seront obligés au cours de leur vie d'apprendre un ou plusieurs autres métiers. Les futurologues prévoient que 50 % des métiers actuels n'existeront plus dans 20 ans, faute de demande. Il est déjà évident, pour la génération qui monte, qu'il lui faudra s'adapter aux gigantesques développements technologiques en se recyclant et en apprenant en permanence. Ce ne sera naturellement possible que si les méthodes d'enseignement actuel se perfectionnent notablement.

En un mot : nous devons tous apprendre à renouveler en permanence nos connaissances. Beaucoup de personnes trouvent cela très difficile, mais notre monde en pleine mutation nous y oblige. Il est certain que plus nous serons habitués à nous adapter, plus cela nous semblera facile. Ce que nous appelons aujourd'hui la formation professionnelle ou la formation continue deviendra une nécessité vitale pour tout le monde.

RÉSUMÉ

1) Nous devons apprendre toute notre vie durant. Mais l'application des nouvelles techniques pédagogiques ne progresse que lentement. Pourtant beaucoup de mal nous serait épargné, si l'art d'apprendre était une matière comme les autres enseignée à l'école.

2) Être un génie signifie en premier appliquer la bonne méthode d'apprentissage.

3) Assurez-vous de quelle manière vous apprenez le mieux : visuelle, acoustique, ou cinétique (c'est-à-dire en faisant).

Adaptez votre manière d'apprendre en conséquence.

4) Si vous commencez votre journée avec joie, vous ferez plus facilement ce que vous devez, de toute manière, faire.

5) Programmez-vous de telle sorte que les bruits vous aident à vous concentrer, et non à vous perturber. Cette suggestion aura l'effet souhaité si vous la renouvelez plusieurs fois par jour au moins pendant trois semaines.

6) Apprenez à bien gérer votre temps. Veillez particulièrement à votre rythme journalier, pour que vous puissiez tirer parti de votre phase la plus productive.

7) La peur est une très mauvaise aide pour apprendre. Quelquefois, elle inhibe complètement notre capacité d'apprendre. Des émotions comme la colère, l'envie de la haine nous handicapent également. Nous devons réduire ou encore mieux éviter ces émotions en ayant une bonne hygiène psychologique.

8) Apprenez à dire non. C'est souvent le moyen le plus simple d'éviter des problèmes futurs.

9) Tenez compte de votre propre rythme, et dans le domaine des possibilités n'entreprenez rien qui ne tienne compte de vos phases de haute et de basse productivité. C'est seulement ainsi que vous pourrez tirer le meilleur de vous-même.

10) Apprenez à écouter correctement. Sélectionnez ce qui est important pour vous et assimilez-le.

11) Faites suffisamment d'exercice physique et respirez bien. Si le cerveau n'a pas assez d'oxygène, il lui est impossible de fonctionner de manière optimale.

12) Veillez à manger correctement. L'intellectuel a besoin d'une nourriture variée peu calorifique, et faible en graisses.

CHAPITRE IV

LA MOTIVATION

Nous sous-estimons souvent l'influence que la motivation a sur le résultat et le succès d'un apprentissage. Plus nous nous intéressons à un sujet et mieux nous l'apprenons et le retenons. Pour cette raison, une attitude positive de votre part, face à ce que vous désirez apprendre est plus important que toutes les bonnes résolutions. Celui qui fait quelque chose avec plaisir arrive à atteindre le but qu'il s'est fixé.

Les écoliers et les étudiants d'aujourd'hui sont soumis à de telles pressions, ils doivent avoir un rendement élevé et n'ont souvent plus l'occasion d'éprouver des sentiments positifs face à ce qu'ils apprennent. Nous assimilons mieux et plus facilement ce qui nous intéresse vraiment. Si nous sommes tout le temps obligés d'apprendre mécaniquement, notre rendement s'en ressent.

La motivation et le succès des études sont étroitement liés. D'après Henry Clay Lindgren (1969) les étudiants qui réussissaient donnaient comme cause de leurs succès :

bonne habitude d'apprentissage	33 %
intérêt	25 %
intelligence	15 %
autres raisons	27 %

Le résultat de cette enquête montre que la motivation par exemple joue un plus grand rôle que l'intelligence. Si vous voulez atteindre un but dans la vie, vous devez commencer par vous motiver efficacement.

Comment nous motiver de manière optimale

La joie que procure un travail et l'intérêt suscité devraient représenter les deux meilleures motivations. Celui qui fait quelque chose avec joie, n'a pas besoin d'une autre stimulation, la joie le récompense déjà suffisamment. Que faut-il faire lorsque la joie n'est pas au rendez-vous ? Nous pouvons penser par exemple à quelqu'un qui fait des études ou suit une formation uniquement parce que l'A.N.P.E. le rembourse. Que sera sa motivation ? Ne passera-t-il pas son temps uniquement à faire acte de présence ?

Celui qui sait ce qu'il veut et pourquoi, atteindra son but, il trouvera toujours le chemin qui conduit au succès même s'il doit se donner beaucoup de mal. C'est ainsi qu'une motivation peut se développer. Réfléchissez, vous aussi. Possédez-vous une motivation ? Quel est l'importance de votre but ? Acceptez-vous de faire éventuellement des choses désagréables pour l'atteindre ?

Seriez-vous prêt à sacrifier une partie de votre temps libre et à vous donner du mal pour réussir ?

Si vous n'avez pas une telle motivation et si vous ne pouvez pas vous imaginer, efforts et privations couronnés de succès, alors ne cherchez pas à atteindre un but quelconque. Vous éviterez ainsi une déception. Rien n'est plus déprimant que de commencer plein d'enthousiasme et de ne pas aller jusqu'au bout. Cela peut tellement nous décourager que nous n'osons plus rien entreprendre.

Vous devriez vous suggérer que vous voulez atteindre le but que vous vous êtes fixé malgré toutes les difficultés que vous rencontrerez. N'abandonnez surtout pas en chemin, même si vous vous apercevez qu'en fait, ce but ne vous est plus aussi utile ou que vous ne souhaitez plus l'atteindre. Vous vous prouvez ainsi à vous-même que quel que soit le but, lorsque vous vous l'êtes fixé, vous l'atteignez.

Il est possible que votre motivation soit de gagner plus d'argent, de vous acheter une voiture plus puissante, de vous élever socialement ou de devenir propriétaire d'une maison. Peut-être désirez-vous montrer à votre partenaire ou à votre supérieur ce dont vous êtes capable, ou simplement faire preuve de plus de liberté de décision. Il ne faut pas vous faire d'illusions, si votre motivation est trop faible, elle n'agira pas.

Si vous pouvez déjà vous imaginer qu'être motivé est une condition importante pour réussir des études. Selon votre attitude, apprendre sera pour vous une torture ou un plaisir. En tous les cas, vous pouvez être sûr que votre rendement augmentera si votre motivation est forte. Vous vous apercevrez d'autre part, que vous vous souviendrez mieux et plus longtemps de ce que vous avez appris. Il est donc très rentable de se motiver convenablement avant d'attaquer une phase d'apprentissage difficile.

Évitez les motivations négatives

Vous devez vous libérer de toute contre-motivation. Vous devez prendre conscience de ce qui pourrait provoquer des problèmes par la suite et préciser votre manière d'agir. Il est possible que vous éprouviez une aversion pour quelqu'un ou quelque chose et qu'en réfléchissant vous découvriez qu'elle n'est pas fondée.

Nous devons reconnaître toutes les motivations négatives à temps et nous dire qu'elles ne sont ni fondées, ni sensées, qu'elles ne nous apportent que des problèmes et des contrariétés. Au cours de ce processus, elles disparaîtront ou du moins s'estomperont.

Une autre forme de motivation négative nous vient de l'extérieur, comme par exemple la crainte d'une punition ou de conséquences désagréables :

« Si tu échoues encore à ton examen, tu t'en souviendras, ça, tu peux en être sûr » ou « Si tu ne fais pas ça, tu peux oublier notre amitié, je ne te le pardonnerai jamais ». Ces motivations négatives, sans oublier les coups de règle sur les doigts des instituteurs d'autrefois, ne motivent pas à apprendre mais « motivent » par peur d'une punition.

Se motiver par les récompenses

Nous pouvons nous donner une raison supplémentaire d'apprendre en nous disant par exemple : « Si je réussis à finir cette leçon, après j'irai voir le match de football » ou « j'apprends encore ces trois chapitres et après je regarde le film policier à la télévision ».

Celui qui est vraiment motivé, atteindra très vraisemblablement son but. Un affamé fera tout en son pouvoir pour trouver quelque chose à manger. Quand sa faim sera apaisée, il sera doublement gratifié : son besoin élémentaire sera contenté et ses efforts lui auront apporté la réussite. Nous rencontrons ici la plus importante des motivations : tout succès pousse à essayer d'en obtenir de nouveaux.

La curiosité et l'identification stimulent également

La curiosité est aussi une bonne motivation ; c'est même la plus importante des stimulations chez le petit enfant. Vous voulez par exemple absolument savoir comment une chose fonctionne ou faire une chose plus vite que telle personne. Ainsi l'émulation devient une motivation.

Nous pouvons également essayer de ressembler le plus possible à quelqu'un et de développer les mêmes aptitudes que notre modèle. Cette manière de procéder s'appelle apprendre par identification.

Se motiver à l'aide de la musique

La musique peut aussi renforcer une motivation. Si nous désirons l'écouter, elle peut être très utile. A condition, naturellement, que nous apprécions vraiment la musique en question et que nous ne la ressentions pas comme un bruit de fond désagréable. Les commentaires et les informations déconcentrent et sont donc à éviter.

Se récompenser en se félicitant soi-même avec mesure

Si personne ne peut vous féliciter de vos résultats, faites-le vous-même. Complimentez-vous lorsque vous avez atteint le but que vous vous étiez fixé.

Bien sûr, cela n'aide que ceux qui savent reconnaître la valeur d'un travail accompli et qui sont fiers de leur rendement. Beaucoup de personnalités importantes se tapent sur l'épaule et certainement ne sont-ils capables de leurs performances que grâce à cet encouragement permanent.

Si vous pensez avoir accompli quelque chose, même modeste, qui soit digne de compliments, vous les avez bien mérités. Vous seul savez quels efforts vous ont été nécessaires et s'ils sont dignes de mérite.

Nous nous limitons, en étant dépendant du jugement des autres, aussi devrions-nous très vite nous en libérer. Il suffit de passer avec succès notre propre examen de conscience.

Nous devons veiller à ne pas nous surrécompenser. Si nous nous récompensons beaucoup pour de petites choses, nous voudrons toujours plus pour moins de travail.

Dans le meilleur des cas, les autres nous féliciteront comme il se doit et nous risquons d'en être déçus.

Donc, si vous vous récompensez vous-même, faites-le avec mesure et seulement si vous l'avez mérité.

Transformez un but éloigné en plusieurs buts rapprochés

Si le but que vous vous êtes fixé est trop lointain pour pouvoir vous motiver, convertissez-le en plusieurs buts plus modestes.

Arrêtez une date finale et divisez le temps qui vous en sépare. Fixez-vous chaque jour, chaque semaine, chaque mois un objectif que vous pouvez atteindre et agissez en conséquence. Vous vous motivez de cette manière, de succès en succès.

Il est trop vague et imprécis de se dire, « si je l'apprends maintenant, cela me servira un jour ». Résolutions et buts doivent être rapprochés les uns des autres, dans le temps. Nous surévaluons souvent la durée d'efficacité d'une motivation. Nous nous apercevons dans la plupart des cas que l'impulsion qui nous pousse diminue.

Nous devons donc régulièrement nous donner une raison de continuer.

Se servir de l'auto-hypnose

Si nous utilisons les suggestions appropriées, nous pouvons aussi utiliser l'auto-hypnose pour nous motiver. Les suggestions doivent toujours être formulées positivement. Ne dites pas « je ne me laisserai plus décourager » ou « j'accepte toutes les déceptions ». Évitez également des phrases où vos intentions restent trop vaguement formulées comme par exemple : « Je veux apprendre plus » ou « je veux mieux me concentrer à l'avenir ».

Lorsque vous utilisez des phrases à la forme négative, vous renforcez seulement l'aspect négatif et vos déclarations d'intention restent pâles et sans effet. Évitez les suggestions involontairement négatives comme : « Si... je pourrais... »

Par contre, des suggestions positives concrètes comme celles qui suivent sont très efficaces :

« Je découvre avec joie les facultés qui sont en moi. A partir de maintenant, je me concentre toujours sur ce que je suis en train de faire et chaque bruit renforce ma concentration. Je me prépare minutieusement à tous mes examens. Je suis calme et décontracté. Je me souviens toújours, tout de suite, de ce que j'ai appris, je donne des réponses claires et précises. Je tends toute mon attention vers mon but. Mon rendement s'améliore de jour en jour. Je maîtrise totalement toutes les situations et j'atteinds les buts que je me suis fixés dans les délais prévus. »

Pensez toujours, à l'efficacité de cette affirmation : Vouloir c'est pouvoir. Profitez de cette occasion et écrivez tout de suite sur une feuille de papier les motivations qui vous inciteront à atteindre le but que vous vous êtes fixé.

RÉSUMÉ

1) De votre motivation dépend en grande partie le résultat de votre apprentissage. Plus une motivation est forte, plus il est facile d'apprendre, et meilleurs seront les résultats.

2) « Éprouver de la joie à travailler » et « être intéressé par le but » comptent parmi les plus fortes motivations.

3) Avant de pouvoir vous motiver efficacement, vous devez essayer de vous libérer, et combattre énergiquement toutes les motivations négatives. Ce peut être la peur d'une punition ou de conséquences, ou une aversion non fondée par exemple.

4) La perspective d'une motivation est peut-être la manière la plus agréable de se motiver. Cette motivation agit doublement : nous pouvons nous autoriser à regarder un film policier à la télévision après avoir terminé un travail, par exemple, et nous avons le sentiment agréable d'avoir réussi quelque chose.

5) Les enfants assimilent des concepts compliqués grâce à leur curiosité et en s'identifiant à des personnes étrangères.

6) La musique utilisée intentionnellement peut renforcer une motivation, tant qu'elle n'est pas ressentie comme un bruit de fond gênant.

7) Se féliciter est une manière sûre de se motiver. Si personne ne reconnaît vos résultats comme étant dignes de mérite, vous pouvez sans arrière-pensée vous complimenter vous-même, mais n'exagérez pas.

8) Transformez un but lointain en une succession de buts rapprochés. Vous atteindrez votre but pas à pas et renforcerez votre confiance en vous.

9) Servez-vous de l'auto-suggestion pour renforcer votre motivation mais veillez à n'employer que des phrases positives.

10) Pourquoi voulez-vous atteindre le but que vous vous êtes fixé et quelle est vraiment la force de votre motivation ? Écrivez sur un papier vos motifs personnels avant de commencer à travailler. Commencez dès maintenant !

CHAPITRE V

LA CONCENTRATION

Lorsque nous voulons atteindre un but, nous n'y réussissons que si nous nous concentrons sur ce que nous faisons. C'est à cette condition que nous atteindrons notre but vite et facilement. De plus en plus de gens cependant ont du mal à se concentrer. Il est possible que ce soit dû à l'abondance des informations et au manque de temps pour réfléchir et intégrer le flot de sollicitations. Peut-être avons-nous aussi trop tendance à nous disperser.

La concentration implique de savoir se limiter

Celui qui veut faire son travail avec concentration ne doit pas se disperser en une activité désordonnée. Pour se concentrer, il faut savoir aller à l'essentiel. Notre concentration s'améliore si nous dirigeons notre énergie sur certains points précis.

Laissez-nous tester votre concentration à l'aide de l'exemple suivant.

Vous êtes le conducteur d'un autobus qui transporte 35 passagers. A la première station 7 personnes descendent, et à la suivante 11 personnes montent et 6 descendent.

Aux deux stations suivantes, 4 personnes descendent. 10 personnes montent au premier arrêt, et 6 au deuxième*.

Vous avez très certainement calculé combien de personnes se trouvent encore dans l'autobus, cependant la question est la suivante : Combien de fois l'autobus s'est-il arrêté ? Et savez-vous le nom du chauffeur ?

Si vous ne vous en rappelez plus, relisez attentivement cette petite histoire et vous vous apercevrez que c'est vous qui êtes le chauffeur.

Comment faire disparaître les obstacles à la concentration ?

Que pouvons-nous faire pour renforcer notre concentration ? Il faut d'abord essayer d'éliminer tout ce qui la rend difficile.

1) *Quand le téléphone sonne :*

— Ne laissez pas les appels sans importance vous parvenir.

— Réglez rapidement et avec soin ce qui ne peut attendre.

2) *Si quelqu'un entre à l'improviste :*

— Ne recevez que les informations courtes.

— Sinon, fixez un rendez-vous avec votre visiteur.

3) *Quand du bruit vous dérange :*

Éliminez-en la source si c'est possible ou fermez la fenêtre.

— Acceptez le bruit comme élément de la vie ; concentrez-vous rapidement sur le bruit, n'essayez pas de l'ignorer et continuez à travailler.

4) *Quand vous êtes pressé :*

— Fixez des priorités, réglez le plus important en premier.

---

* Cité d'après « Gedächtnis- und Konzentrationstraining » de Günther Beyer, éditions Econ, Düsseldorf.

— Travaillez soigneusement, la hâte fait faire des erreurs.

— Ne décidez pas de faire plus qu'il n'est possible de réaliser. Ménagez-vous des pauses suffisantes pour pouvoir faire face à l'imprévu.

5) *Quand des pensées vous perturbent :*

— Ne vous concentrez pas à tout prix. Ne vous attachez pas aux pensées qui vous perturbent ; laissez-les passer.

— Investissez le plus possible de vous-même dans votre travail, cela rendra votre déconcentration plus difficile.

— Travaillez avec encore plus de soin, cela augmente la concentration.

— Faites régulièrement des exercices de concentration.

6) *Quand vous êtes débordé :*

— Ménagez-vous une pause pour vous reposer. Ordonnez vos pensées.

— Répartissez de nouveau votre travail.

— Efforcez-vous à l'avenir de mieux gérer votre temps et votre énergie, entraînez-vous régulièrement tel que yoga ou méditation.

7) *Quand vous voulez trop en faire à la fois :*

— Libérez-vous l'esprit en écrivant une liste des tâches à accomplir.

— Faites un emploi du temps et réglez une chose après l'autre, en commençant par la plus importante.

— Ne vous arrêtez pas en chemin.

Évitez les perturbations

Pour pouvoir vous concentrer efficacement, vous devrez éviter d'être dérangé. C'est bien sûr plus facile en étant seul dans une pièce tranquille. Dans une ambiance animée, seul un yogi pourrait se concentrer, et toute autre personne devrait soit se joindre à la discussion ou quitter la pièce. L'isolement, tel un ermite n'est pas requis, mais une ambiance calme et sereine, sans va-et-vient est souhaitable. Vous pouvez y remédier en fermant votre porte et en accrochant une pancarte : « Prière de ne pas déranger. »

Ne vous installez pas trop confortablement, car des études ont prouvé qu'une légère tension des muscles stimule l'activité intellectuelle.

Il n'est pas possible de se concentrer en état de relaxation profonde. Même si un divan ou un fauteuil à bascule semble vous y inviter, résistez et restez assis à votre bureau.

Durée de la concentration

Personne ne peut se concentrer à volonté sur un même sujet. Vous devez fixer des phases déterminées pendant lesquelles vous vous concentrez. Commencez par des phases de 10 minutes — vous pouvez vous contrôler à l'aide d'un réveil. Travaillez sans penser à l'heure. Si vous vous apercevez quand votre réveil sonne, que vous seriez en mesure de rester plus longtemps concentré, ajoutez 5 minutes la fois suivante. Vous devez arriver progressivement à vous concentrer pendant 30 minutes sans interruption. Bien sûr cela n'a de sens que si vous êtes pendant ce laps de temps totalement concentré sur votre sujet et si vous ne regardez pas l'heure. Vous arriverez ainsi à vous concentrer de 20 à 30 minutes sur ce que vous devez faire, même si cela ne vous passionne pas.

Que faire en cas de concentration déficiente

Si, malgré vos efforts, vous constatez que vous n'arrivez pas à vous concentrer, n'en soyez pas perturbé. Vous obtiendrez de bien meilleurs résultats si vous vous exercez systématiquement, comme nous venons de l'indiquer dans le paragraphe précédent.

Il est également possible que vous ne puissiez pas vous concentrer lorsque pendant un cours, trop d'informations vous sont données, et que vous ne puissiez pas les assimiler parce que leur arrivée est trop rapide. Pendant que vous réfléchissez à ce que vous venez d'entendre, le cours continue et vous en perdez le fil. Des informations importantes vous échappent dans ce genre de situation. Avec un peu d'habileté cependant, vous pouvez trier les informations. Vous suivez seulement d'une oreille ce qui n'est pas important et dirigez toute votre attention vers ce qui l'est. Quand vous aurez appris à en tirer la quintessence, vous vous apercevrez que peu de ces informations sont vraiment importantes ; même en assimilant plus lentement, il est parfaitement possible de suivre l'essentiel.

Comme la plupart des cours durent 45 minutes mais que notre concentration commence à faiblir au bout de 20 à 30 minutes, nous devons utilisez un truc.

Ce truc consiste à ne suivre qu'à demi-concentré et à ne diriger notre attention que sur l'essentiel. Tous les « génies » de la concentration procèdent de cette manière. Naturellement, vous devez d'abord apprendre cette technique. Quand vous l'aurez maîtrisée, vous serez vous aussi capable de suivre des discussions ou des conférences facilement et sans passer à côté de l'essentiel.

Il existe une série d'exercices simples mais efficaces pour se concentrer. En voici quelques-uns :

1. Lisez très lentement deux lignes d'un livre de votre choix. Vous devez au moins rester deux secondes sur chaque syllabe. Vous ne devez voir que cette syllabe pendant ces deux secondes, et ne pas en détacher les yeux. Tout d'abord, la conscience se rebelle contre cette façon de lire inhabituelle, mais au bout de ces deux lignes vous serez intérieurement calme, prêt et capable de vous concentrer vraiment sur autre chose.

2) Un autre exercice qui a fait ses preuves consiste à fixer un point sur le mur pendant 1 à 2 minutes. Vous ne devez regarder que ce point et lorsque vos pensées s'en écartent, dirigez-les de nouveau consciemment sur ce point. En le faisant, répétez-vous à peu près ceci : « Maintenant je regarde ce point, en ce moment rien d'autre n'est important. Uniquement ce point existe maintenant pour moi. Ce point et moi nous ne faisons qu'un. »

De cette manière vous réduisez à un point les pensées qui vous passent inévitablement par la tête. Vous avez juste besoin de fermer les yeux et ce point s'évanouit lui aussi. Maintenant vous pouvez diriger vos pensées sur l'objet qui nécessite votre attention.

3. Si vous avez un peu de patience, je vous conseille l'exercice suivant, il est très efficace.

Asseyez-vous à une table et posez dessus vos deux mains, poings fermés, doigts vers le haut. Regardez uniquement votre pouce droit et tendez-le progressivement. Vous le bougez tellement lentement que vous ne le voyez pas remuer. Observez votre pouce qui se tend comme si c'était la chose la plus importante au monde. 30 secondes environ doivent s'écouler avant que votre pouce soit complètement tendu. Puis continuez à tendre de la même façon tous vos doigts, l'un après l'autre. Du début à la fin de cet exercice, vous ne devez pas voir vos doigts bouger. Quand vous aurez effectué cet exercice régulièrement, vous pourrez au bout de quelques semaines vous concentrer à volonté et facilement. L'étape suivante consiste à imaginer seulement cet exercice. Vous devez visualiser, les yeux fermés et sans bouger, cet exercice dans ses moindres détails. Vous devez être très concentré, car toute autre idée qui s'intercalerait provoquerait une « déchirure » du film. Faites-le régulièrement.

La méditation et l'analyse des problèmes

Si vous avez pratiqué les exercices que j'ai cités, il ne vous sera pas difficile de faire celui-ci. Méditez 30 minutes les yeux fermés sur un thème de votre choix. Soyez attentif à ce que vos pensées restent fixées sur ce thème sans subir d'interruption. Si elles s'en écartent, redirigez-les aussitôt avec calme sur l'objet de votre méditation. Dites-vous en même temps intérieurement : « Pas maintenant, car je me concentre sur cette chose. »

Répétez-vous cette phrase jusqu'à ce que des pensées étrangères ne vous distraient plus.

Je peux vous conseiller un autre exercice, qui parallèlement à votre concentration, développe votre esprit d'analyse. Lisez dans un journal ou une revue, un article et faites particulièrement attention à la thèse que défend le journaliste. Pendant cette lecture, analysez cette thèse et imprégnez-vous de ce texte comme si vous vouliez peu après en discuter avec l'auteur de l'article. Quand vous aurez fini de lire, faites un court résumé du texte. Vous pouvez très bien le faire à voix haute. N'oubliez aucune idée directrice dans ce résumé. Quand vous aurez acquis un peu d'entraînement, il suffira d'imaginer que vous discutez, en abordant tous les points importants, de cet article avec son auteur. Vous apprenez de cette manière à reconnaître, et à retenir les principaux arguments, dès la première lecture d'un texte.

Méditation et inspiration

Quand vous pratiquerez depuis un certain temps les exercices que j'ai décrits, vous vous apercevrez que pendant la lecture d'un texte ou au cours d'une discussion, vous trouvez spontanément des arguments ; ces exercices nous permettent d'accéder à une partie de notre esprit où nous trouvons notre inspiration et la solution de problèmes compliqués.

Vous pouvez prendre un problème comme thème de votre méditation ou de votre analyse. Vous devez passer ses différents aspects en revue puis vous recueillir quelques minutes. Vous ne devez pas penser à ce problème au cours de votre méditation. Vous obtiendrez le succès que vous souhaitez seulement à cette condition. La solution de votre problème vous apparaîtra comme une sorte d'illumination. Il est possible que plusieurs solutions se présentent ; dans ce cas il ne vous reste plus qu'à choisir la meilleure, en fonction de la situation et du but que vous désirez atteindre.

Si vous n'obtenez pas de résultats satisfaisants, vous n'avez probablement pas médité assez longtemps ou plus exactement votre inconscient n'a pas disposé du temps nécessaire à son travail. Je vous conseille dans ce cas de recommencer tout l'exercice avant de vous coucher, et de vous demander le matin suivant si entre temps la solution ne s'est pas présentée en faisant ainsi. Il existe peu de difficultés insurmontables.

Comment améliorer votre concentration et votre mémoire

Je souhaite proposer un exercice adapté aux experts comme aux débutants. Placez une pièce noire et une pièce blanche sur un damier. Maintenant fermez les yeux et voyez mentalement où ces pièces sont disposées. Placez progressivement de plus en plus de pièces sur le damier jusqu'à ce que vous vous trompiez en vous présentant leur emplacement les yeux fermés. Recommencez là où vous n'aviez pas encore fait de faute et rajoutez progressivement des pièces jusqu'à ce que vous refassiez une erreur. Avant de rajouter une pièce vous devez toujours vérifier l'exactitude de votre représentation mentale.

Cet exercice n'est pas seulement bon pour votre concentration, il l'est aussi pour votre mémoire.

Si vous voulez faire quelque chose de supplémentaire pour développer ces deux facultés, absorbez régulièrement de la lécithine pure. Des chercheurs américains ont prouvé que le composant de la lécithine, la choline, accroît le rendement du cerveau de 25 % en peu de temps.

La lécithine est contenue dans des aliments tels que le jaune d'œuf, le blé, le poisson. Cette hormone se désagrège vite dans l'organisme. Les chercheurs ont prouvé dans des centaines d'expériences que 30 à 70 grammes de lécithine par jour suffisent pour augmenter notablement le rendement de notre cerveau.

Quelques exercices de concentration pour la route

Si les exercices précédents vous prennent trop de temps, il existe une série d'exercices plus rapides et que vous pouvez faire en voiture ou à pied par exemple.

1) Observez l'étalage d'une vitrine, et en continuant votre chemin, remémorez-vous et visualisez l'étalage que vous venez de voir dans ses moindres détails.

2) Vous pouvez également observer la façade d'une maison, et vous la rappeler dans tous ses détails. Combien d'étages avait cette maison ? Combien de fenêtres ? Quelle était la forme du toit ? A quoi ressemblait la porte d'entrée ?

3) Regardez rapidement le visage de quelqu'un qui vient dans votre direction. Essayez de vous souvenir de la couleur de ses cheveux et de ses yeux, de quelque chose d'inhabituel, de l'aspect général de cette personne. Vous pouvez faire des exercices de mémoire avec beaucoup d'autres objets.

Vous serez bientôt étonné de la facilité avec laquelle vous pourrez vous concentrer, si vous effectuez avec soin les exercices que je viens de vous présenter.

RÉSUMÉ

1) La concentration se base sur une sélection sévère des intérêts et une limitation à l'essentiel.

2) Éliminez tout ce qui empêche une bonne concentration. Laissez défiler sans vous y attacher, les pensées qui vous passent par la tête.

3) Une légère tension des muscles favorise l'activité intellectuelle.

4) Personne ne peut se concentrer à volonté. Commencez par des phases de concentration de 10 minutes et augmentez-les progressivement jusqu'à 20 ou 30 minutes. Ménagez-vous une pause au bout de ce laps de temps.

5) Si au cours d'une conférence ou d'une discussion, vous ne pouvez pas suivre parce que trop d'informations vous assaillent, triez-les et concentrez-vous seulement sur l'essentiel, écoutez le reste d'une oreille seulement.

6) Si vous êtes trop tendu pour vous concentrer pleinement, lisez lentement 2 lignes d'un texte, en restant 2 secondes sur chaque syllabe. Dirigez votre attention sur une syllabe à la fois seulement. Cela vous calmera intérieurement au bout de peu de temps.

7) Vous pouvez également diriger votre regard pendant une à deux minutes sur un point quelconque du mur.

Concentrez-vous seulement sur ce point et ne vous en laissez par rien d'autre détourner jusqu'à ce que vous ne perceviez plus que ce point. Puis détournez votre attention de ce point et dirigez-la sur ce que vous voulez faire.

8) Méditez 30 minutes sur un sujet dont vous avez déjà passé tous les différents aspects en revue. Laissez les réflexions que vous vous êtes faites agir sur vous pendant votre méditation.

9) Ayez régulièrement une discussion intérieure avec un partenaire que vous trouvez intéressant. Au cours de cette discussion, imaginez votre partenaire défendant son opinion. Vous constaterez que cet « autre » ne sera pas toujours de votre avis.

10) Absorbez quotidiennement 30 à 70 grammes de lécithine. La choline qu'elle contient accroît le rendement du cerveau d'environ 25 %.

11) Vous pouvez aussi entraîner votre concentration en regardant l'étalage d'un magasin par exemple, et en vous remémorant les objets qui le constituent ainsi que leur disposition.

CHAPITRE VI

LA MÉMOIRE

Qui apprend beaucoup, sait beaucoup ;
Qui sait beaucoup, oublie beaucoup ;
Qui oublie beaucoup, sait peu ;
Pourquoi devrait-on d'abord apprendre ?

Notre cerveau est un organe fantastique. Il commence à fonctionner au début de notre vie et au moment de faire un discours, par exemple, il nous abandonne.

La meilleure des préparations ne sert à rien si la mémoire nous manque au moment décisif, et ainsi qu'il arriva à cet orateur qui s'approcha du pupitre, se racla trois fois la gorge, et dit : « Mesdames, messieurs, il y a une heure, lorsque je répétais mon discours chez moi, le bon dieu et moi savions ce que j'allais vous dire, maintenant, seul le bon dieu le sait. »

Dans une telle situation, comme beaucoup d'orateurs l'ont déjà vécue, nous sommes livrés au public pour le meilleur et pour le pire. Il nous reste, dans un moment pareil, seulement l'espoir que les auditeurs le prennent avec humour. Il existe malgré tout quelques procédés destinés à éviter de se retrouver dans une situation aussi gênante.

Les trois pionniers de la recherche concernant la mémoire

Indépendamment les uns des autres, 3 auteurs ont appliqué la recherche expérimentale sur la mémoire au début de ce siècle :

— Hermann Ebbinghaus a fait en Allemagne des recherches pour savoir comment s'effectuait la mémorisation de la parole.

— Edward Lee Thorndike a examiné en Amérique le mécanisme de l'assimilation de comportements pratiques. Ses expériences sur les chats ont fait date dans l'histoire de la science.

— Ivan Pavlov a travaillé essentiellement sur les réflexes conditionnés. Les expériences qu'il a faites sur les chiens sont parmi les plus célèbres de l'histoire de la science.

Les sens et la mémoire

Nous devons d'abord percevoir toute ce que nous mémorisons grâce aux sens suivants :

1. La vue : Notre rétine est seulement capable de voir une partie restreinte du spectre de la lumière, c'est-à-dire les ondes qui se trouvent entre 380 et 780 namomètres (un namomètre est un millionième de millimètre).

2. L'ouïe : Nos tympans perçoivent les vibrations de l'air qui ont une fréquence maximale de 16 000 hertz (un hertz correspond à une vibration par seconde). Nous pouvons donc entendre jusqu'à 16 000 vibrations par seconde.

3. L'odorat : Grâce à nos cellules olfactives, nous percevons des substances chimiques qui sont réparties dans l'air. Nous les sentons.

4. Le goût : A l'aide de nos cellules gustatives, nous distinguons généralement toutes les substances comestibles d'après leur arôme, leur consistance, et d'autres critères. Nous les goûtons.

5. Le toucher : Notre peau enregistre la pression, la chaleur, le froid, et nous renseigne ainsi sur les conditions extérieures.

Nous possédons d'autres sens, comme par exemple celui de l'équilibre, mais nous n'avons pas besoin d'en parler dans ce contexte.

Les sens envoient une quantité d'informations qui, conduites par les nerfs, atteignent notre cerveau. Beaucoup d'entre elles ont peu d'importance pour nous. Pour cette raison, nous devons éviter d'en encombrer notre mémoire de ce fardeau.

Apprenez à oublier

Je vais vous faire ici une proposition qui peut de prime abord vous sembler bizarre : apprenez à oublier !

Oui, vous avez bien lu ; vous devez être capable d'oublier pour avoir une bonne mémoire. Tout ce qui est superflu encombre votre mémoire, vous devez le noter. Aussi longtemps que vous tenez quelque chose dans les mains, vous ne pouvez pas faire un travail manuel, et si votre tête est pleine, vous ne pouvez rien enregistrer de nouveau.

Entraînez votre attention

Vous devez d'autre part stimuler votre attention. Dirigez-la sur ce que vous souhaitez assimiler et représentez-vous visuellement le contenu de ce que vous devez apprendre. Ce processus ne demande qu'une fraction de seconde.

Si vous concentrez votre attention sur l'objet de votre intérêt, vous ne l'oublierez plus. En principe, nous avons tous une bonne mémoire, mais la plupart des gens ne savent comment s'en servir. Le langage de l'inconscient est formé d'images, et si vous apprenez à transformer toutes vos impressions en images ou à les associer à des impressions visuelles, vous n'oublierez presque plus rien. Lorsque cette manière d'apprendre est intériorisée, elle devient un automatisme.

Vous devez bien sûr, toujours comprendre ce que vous désirez assimiler. Comprendre c'est assimiler. Si vous n'avez compris qu'à moitié, continuez d'y penser jusqu'au moment où vous saisirez tout le sens du problème.

Les techniques de transformations et d'associations

Il existe deux techniques de base de mémorisation : celle des associations et celle des transformations.

La technique de l'association consiste à lier des images à ce que vous devez apprendre, c'est-à-dire qu'en les nommant, des concepts se présentent spontanément. Cette technique fonctionne très bien tant qu'il s'agit de textes clairs. Des problèmes se posent quand il s'agit d'apprendre des enchaînements de nature abstraite. Dans ce cas il est d'abord nécessaire de les lier à des représentations imagées, c'est-à-dire qu'ils doivent être transformés. Le langage corporel est tout à fait indiqué pour représenter ces concepts.

La représentation et son fonctionnement

Nous pouvons facilement nous représenter l'attitude et l'expression d'une personne qui a peur ou qui est remplie d'orgueil. Nous pouvons assimiler sans difficulté des concepts abstraits en les liant à de telles images. Mais comment assimiler des concepts qui ne se laissent pas visualiser de cette façon ? C'est très simple, pensez à une notion quelconque et notez l'image que votre subconscient vous envoie à cet énoncé. L'inconscient convertit de toute manière tout en images.

C'est ainsi que si vous pensez au concept patrie, il se peut que votre inconscient vous pousse à imaginer le paysage où vous avez passé votre enfance. Mais il est aussi possible qu'il vous présente un extrait de carte géographique.

La conscience sera peut-être associée au paradis ou à l'enfer. N'essayez surtout pas de vous imposer une représentation visuelle, acceptez celle que votre inconscient vous envoie.

Comment assimiler des noms et des visages

Beaucoup de gens ont du mal à retenir des visages et des noms. Un ami américain m'a montré comment ce problème peut facilement être résolu. Cet ami avait été un des proches du

Président John F. Kennedy, qui pouvait dit-on retenir les noms et visages de plus de 20 000 personnes. Quand mon ami lui demanda de lui révéler son secret, il accepta à la condition qu'il ne soit pas rendu publique. Après la mort de Kennedy, mon ami ne se sentant plus tenu par sa promesse, me dit ce qui suit. Kennedy avait pris l'habitude de se représenter toute nouvelle personne qu'il rencontrait sous la forme d'une photo d'identification policière. Sur une photo de ce genre, la personne tient devant elle une ardoise avec son nom d'inscrit. De cette manière, le nom et le visage sont enregistrés simultanément et deviennent indissociables. Si quelqu'un se trouvait devant le Président, celui-ci se souvenait instantanément de son nom. Et quand une personne se nommait au téléphone, Kennedy pouvait tout de suite associer le visage qui lui correspondait. J'ai pris l'habitude de procéder de cette manière et je dois dire que je suis très satisfait de cette méthode.

Deux autres méthodes pour entraîner la mémoire

Vous renforcerez beaucoup votre mémoire en vous rappelant quelque chose seulement quelques minutes après l'avoir enregistré pour la première fois. Cette répétition renforce les liens entre ce que vous venez d'apprendre et les conditions qui s'y associent, ainsi vous vous en souviendrez mieux en temps voulu.

Vous renforcerez également votre mémoire en vous rappelant exactement ce que vous venez de faire au cours des cinq dernières minutes. Entraînez-vous jusqu'à ce que vous y arriviez sans peine. Puis augmentez progressivement la difficulté et demandez-vous : « Qu'ai-je fait pendant l'heure qui vient de s'écouler ? Comment la journée a-t-elle commencé ? Que s'est-il passé hier ? Et la semaine dernière ? »

Avec un peu d'exercice, vous vous rappellerez de tous ces détails sans avoir consciemment cherché à les mémoriser.

Se souvenir en retournant dans le passé

L'oubli n'existe pas. Sous hypnose, il est possible de faire revenir quelqu'un 20 ans en arrière. L'hypnotisé se souviendra de détails depuis longtemps oubliés de même de faits qu'il n'a pas notés à l'époque. J'ai demandé une fois à un hypnotisé de me dire combien de pas séparaient sa place, en classe, des toilettes. Il me donna une réponse exacte. Pourtant il n'avait certainement jamais enregistré consciemment ce nombre. Il semble que nos souvenirs soient gravés chimiquement, mais souvent il nous manque le code pour les faire ressurgir. Nous ne pouvons évidemment pas remonter dans le temps lors d'un examen pour nous souvenir de ce qui peut nous être utile. Nous devons donc nous donner la peine d'enregistrer ce que nous devons savoir de manière à ce qu'il nous soit possible à tout moment de rappeler ces informations au niveau conscient.

C'est seulement si nous en sommes capables que nous pouvons répondre aux exigences de la vie professionnelle et privée. Nous possédons tous une mémoire parfaite qui emmagasine toutes les impressions reçues par nos sens. Il nous faut seulement trouver l'accès à cette banque de données.

Quand nous avons oublié quelque chose, nous nous trouvons dans la même situation qu'une personne désordonnée qui sait que ce qu'elle cherche n'est pas loin, mais est incapable de se rappeler où exactement. Souvent nous avons le mot que nous cherchons sur le bout de la langue mais lorsque nous voulons le prononcer, il a disparu. Nous devons essayer de maintenir de l'ordre dans notre mémoire.

La mémoire de courte, très courte et longue durée

Notre mémoire n'est pas comme nous le pensons souvent, une simple réserve ; elle fonctionne à 3 niveaux.

1. La mémoire de très courte durée

Les impressions recueillies par les sens se transforment en un champ d'énergie, semblable au champ d'énergie électromagnétique, et restent sous cette forme de 30 secondes à 5 minutes. Si ces impressions ne rencontrent pas de voies d'associations auxquelles elles peuvent se rattacher, le champ d'énergie se dissout et les impressions s'effacent sans avoir été enregistrées. Cela peut être le cas quand aucun intérêt n'est signalé ou par suite d'un manque de possibilités d'associations, ou encore parce que des impressions plus fortes sont perçues simultanément et estompent les plus faibles. Le contenu émotionnel d'une information est vérifié avant qu'elle ne soit transmise au cerveau. Si une information est classée inutile, il est possible qu'elle n'aille pas plus loin. Il est aussi possible qu'une émotion soit jugée menaçante et qu'elle déclenche alors une réaction émotionnelle, avant d'avoir atteint le cerveau. C'est le cas lorsque nous réagissons « sans réfléchir ». Nous agissons spontanément sans avoir pensé aux conséquences de notre acte. Des mécanismes se déclenchent et déterminent dans quelles conditions les informations atteignent notre mémoire de très courte durée.

2. La mémoire de courte durée

Elle enregistre toutes les informations qui sont nécessaires pour donner un sens à un enchaînement de symboles ou de concepts. Ceci bien entendu, si ces informations ont trouvé les bonnes voies d'association et ont été comprises. Sans cette forme de mémorisation, nous serions incapables de lire. Notre mémoire convertit une suite de symboles en un rapprochement de pensées logiques. Des lettres, des syllabes, et même des mots, n'ont, isolés, pas de sens. Nous ne pourrions pas non plus parler sans cette fonction. Il nous serait impossible de percevoir autre chose qu'une série de sons et de mots, sans rapport les uns avec les autres.

Cette mémoire de courte durée dispose d'une faible possibilité de stockage ; elle peut, par exemple, seulement retenir une série de 7 chiffres. Nous pouvons pour cette raison, nous souvenir tout juste d'un numéro de téléphone le temps de changer de pièce. Dès qu'il s'agit d'un numéro de 8 chiffres, nous devons le noter ou utiliser une technique spéciale pour le retenir. On peut par exemple, faire une suite de 2 nombres courts. Cette forme de mémoire est sujette à de nombreuses pannes, car de nouvelles informations supplantent très vite des informations plus « anciennes ». C'est pourquoi il est bon de se répéter de suite ce que nous voulons mémoriser.

3. La mémoire de longue durée

Elle enregistre toutes les informations qui n'ont pas été filtrées aux degrés inférieurs. Ses possibilités de stockage sont illimitées, mais on ne peut enregistrer que peu de données simultanément. Toutefois, ce qui a été emmagasiné par la mémoire de longue durée ne sera jamais perdu même si la faculté de faire ressurgir ces informations est très inégale selon les individus. On peut toujours développer cette faculté par l'entraînement.

Une information, encore présente 10 minutes après sa réception, est enregistrée par notre mémoire de longue durée. Cet enregistrement fonctionne à l'aide d'un code chimique, de toute évidence à l'aide de la transformation de certaines structures moléculaires. Nous savons que les agents porteurs d'informations sont des acides désoxyribonucléiques ou des ribonucléiques dont la structure moléculaire correspond à celle des chromosomes, où se trouvent enregistrés les facteurs déterminants de notre hérédité. Nous devons nous représenter cette molécule comme une très longue chaîne dont le dernier maillon est libre, permettant à de nouvelles informations de s'y rattacher. La structure d'une information est déterminée par l'ordre dans lequel le processus se déroule.

Notre mémoire de longue durée fonctionne sensiblement de cette manière. Une donnée atteint la mémoire de longue durée seulement si elle a pu dépasser sans encombres les phases de la mémoire très courte et de la mémoire courte. Des perturbations à ce niveaux empêchent l'information d'arriver. Nous nous occuperons en détails de ces blocages de l'apprentissage.

Les quatre formes d'oubli

Que se passe-t-il vraiment lorsque nous oublions quelque chose ? On constate qu'il existe quatre formes d'oubli :

1. On peut oublier d'assimiler certaines informations.
2. On peut refouler consciemment ou non des informations inutiles.
3. Seulement une partie des informations nous manque.
4. Nous sommes incapables de faire ressurgir ces informations enregistrées.

Seules les informations utiles sont faciles à retenir

Le sens et l'usage que nous attendons d'une information sont décisifs pour savoir si nous la retiendrons ou si nous l'oublierons.

Si nous connaissons le but, apprendre sera facile. Nous devons au moins pouvoir nous représenter une manière de l'utiliser. En établissant une relation personnelle avec une information, nous la chargeons en émotions, et elle franchira plus facilement les barrières de la mémoire courte et très courte, ce qui lui permettra d'arriver à la mémoire de longue durée où elle sera stockée. Si ce que nous apprenons ne satisfait aucun de nos besoins, et n'est pas reconnu comme valeur immédiate, il en résulte un blocage et l'information en question n'atteint pas la mémoire de longue durée.

Réduisez le nombre des informations en formant des paires

Vous pouvez compenser la faible possibilité de stockage de votre mémoire de courte durée en formant des groupes de deux informations. Vous liez une nouvelle information à une information déjà connue. De cette façon, vous vous souviendrez très facilement de cette information. Les groupes de paires nous sont d'une grande aide considérable et nous permettent une meilleure utilisation de notre potentiel de mémoire.

S'il est impossible d'associer du neuf à de l'ancien, vous devez associez du neuf à du neuf.

Vous en tirerez deux avantages. Premièrement, vous pouvez mieux utiliser votre mémoire de courte durée qui ne peut retenir que 7 informations en même temps ; deuxièmement, vous augmentez vos chances de vous souvenir de ce que vous venez d'apprendre puisqu'il est reconnu qu'en général nous nous souvenons forcément mieux d'une information que d'une autre, et ceci d'autant mieux si elle forme une paire.

Prenons les notions suivantes :

Liberté — Banane
Pluie — Tétine
Mouchoir — Société d'armement
Atelier — Séparation
Bouddha — Plan de métro.

Aucun lien n'est visible entre les composants de ces paires. Pour cette raison, il est difficile de s'en souvenir. Mais si nous associons dans une image ces deux notions, cela devient beaucoup plus facile.

Liberté de banane : La statue de la liberté à New York, mange une banane.
Pluie et tétine : Un petit garçon tient une tétine sous la pluie.

Mouchoir et société d'armement : Une femme agite un mouchoir à sa fenêtre, et sur le mouchoir est inscrit en grosses lettres rouges : « Société d'armement. »

Atelier et séparation : Un couple d'amoureux se sépare devant un atelier.

Bouddha et plan de métro : Bouddha étudie un plan de métro devant une bouche de métro.

Plus le lien associatif est inhabituel, mieux vous vous en souviendrez. Vous pouvez, comme je viens de le montrer, enregistrer 10 notions en 5 groupes de paires, sous la forme de 5 images à tout moment à votre disposition.

Vous pouvez aussi assimiler des nombres en groupes de deux chiffres. Si vous devez vous souvenir d'un numéro de téléphone à 10 chiffres, votre mémoire de courte durée sera en difficulté. Convertissez ce nombre en 5 groupes de deux chiffres et vous le retiendrez beaucoup plus facilement. 7354829637 devient 73-54-82-96-37.

L'importance du facteur temps dans la formation et l'organisation d'une chaîne d'associations

Des études détaillées ont révélé que le rendement de notre mémoire dépend de différents facteurs que j'ai déjà cités. Parallèlement à la valeur utilitaire d'une information, à la structure claire et à la répartition de ce que vous apprenez, un autre facteur joue un rôle décisif pour la réussite de votre apprentissage : la relation temps entre la question et la réponse, le signal et l'action, l'information et son explication. Le temps qui sépare « l'impression » des deux maillons d'une chaîne d'associations ne doit pas dépasser une demi-seconde. C'est seulement à cette condition que s'établit une liaison optimale entre les deux maillons d'une chaîne d'associations. De nombreuses expériences effectuées sur des hommes et des animaux viennent étayer cette thèse. Souvenez-vous par exemple, de l'expérience de Ivan Pavlov où un chien recevait de la nourriture à la fin d'un signal sonore. Par la suite, le chien salivait dès qu'il entendait ce signal.

Il faut savoir que deux maillons d'une chaîne d'associations qui ne sont pas liés l'un à l'autre en l'espace d'une demi-seconde, ne sont pas ou très superficiellement mémorisés.

Apprentissage dynamique

Si nous comparons les méthodes d'enseignement employées dans nos écoles avec les règles psychologiques de base de l'apprentissage, nous nous apercevons qu'elles manquent totalement là où elles seraient le plus utiles.

En classe, les professeurs marquent une pause entre les questions et leurs réponses, qui devrait donner aux élèves la possibilité de réfléchir. Or, cette pause, loin d'être bénéfique, perturbe ou empêche tout simplement l'assimilation des informations.

Comme je l'ai déjà dit, plus il s'écoule de temps entre l'assimilation des deux composants d'une chaîne d'association, plus le lien qui les uni est ténu. Si le temps qui s'écoule est trop long, aucune association ne pourra se former.

Il en est de même pour les informations écrites.

Le professeur inscrit au tableau des mots ou des phrases dans une langue étrangère, par exemple, et ajoute à leur suite leur signification ou une explication.

Dans ce cas les deux composants d'une association sont perçus en temps utile par les élèves, mais ces composants ont perdu leur dynamique, leur vitalité, tout ce qui rend l'apprentissage possible.

Il a été clairement prouvé que l'être humain, comme les animaux, n'apprend que ce qui lui est représenté sous la forme d'une suite de mouvements. La conscience perçoit chaque changement d'attitude corporelle comme un événement. Pour cette raison, le réflexe qui consiste à faire le mort est aussi efficace ; celui qui est en face ne perçoit plus rien et ne reçoit donc pas de stimulations qui pourraient amener une réaction de sa part.

Il existe deux possibilités de dynamiser des informations transmises par un intermédiaire de manière « morte », c'est-à-dire sans mouvement. Il s'agit :

1) De créer une dynamique qui manque en imagination. Cela signifie que nous devons lier mentalement les deux composants qui doivent être associés, par exemple une question et

une réponse en l'espace d'une demi-seconde. Il est connu que l'inconscient ne différence pas la réalité de l'imaginaire ; il n'est donc pas important que ce lien soit réel ou imaginaire.

De cette façon, nous ranimons une matière morte, si l'on peut dire, et nous pouvons l'assimiler dans de bonnes conditions. Nous pouvons même imaginer que nous sommes devant le professeur et que nous répondons de manière exacte à sa question. Nous pouvons également imaginer qu'il nous félicite. L'inconscient accepte cette représentation comme réalité, ce qui a l'avantage de renforcer notre motivation et notre joie d'apprendre. Nous apprenons sur la base d'une réussite imaginaire.

2) De répéter plusieurs fois de suite les deux informations d'une chaîne d'association, à voix haute ou en pensée, l'une après l'autre. De cette manière la dynamique manquante est revitalisée et ces deux éléments sont liés de façon durable. On peut également combiner ces deux méthodes et nous voir mentalement répéter à voix haute un mot étranger et sa signification en français, par exemple.

Nous devons nous exercer à nous servir naturellement de notre imagination pour apprendre. Ce ne sera pas plus compliqué que tout ce que nous avons déjà appris à faire, que ce soit écrire, parler ou faire du vélo. La faculté d'apprendre à l'aide de notre imagination doit autant que possible, s'effectuer automatiquement grâce à peu d'entraînement. Je veux dire par-là qu'il faut vous représenter visuellement tout ce que vous apprenez jusqu'à ce que votre imagination mette automatiquement ces images à votre disposition.

Apprendre plus facilement grâce à la représentation

Monsieur Berlitz, fondateur des écoles du même nom, connaissait l'importance de la représentation dans le processus d'apprentissage, et à partir de là créa sa méthode d'enseignement des langues étrangères. Le professeur parle pendant tout le cours dans la langue que l'élève désire apprendre, sans qu'aucune traduction de mots ou de textes ne lui soit demandée. Les discours du professeur sont ponctués de gestes significatifs et d'exemples pratiques. Une relation très étroite est ainsi établie entre les sons, les symboles et leur signification pratique. Le cours est très dynamique et imprégné de stimulations propices à l'apprentissage.

La communication non verbale, en particulier le langage corporel, est utilisée pour traduire des émotions comme la peur, la pitié, la colère ou la joie. Le langage corporel se manifeste par la mimique, le geste et l'attitude, grâce auxquels on peut représenter pratiquement toutes les notions et toutes les situations élémentaires. Quand vous éprouvez des difficultés à établir une relation entre une notion et sa représentation, questionnez votre inconscient. Il est obligé de se faire une représentation de toutes les choses auxquelles il est confronté et possède donc une image pour chacune des notions. Si vous cherchez la représentation imagée d'un concept, prononcez plusieurs fois ce mot à voix basse, ou à voix haute, ou bien mentalement, et attendez que votre inconscient vous en fasse voir la correspondance.

Deux situations de cours difficiles

Il existe deux situations de cours qui rendent l'apprentissage particulièrement difficile. Il nous faut cependant tirer le meilleur parti de ces situations défavorables. Quand nous recevons trop peu d'informations pendant un cours, nous nous ennuyons et finissons par ne plus écouter, n'enregistrant ainsi aucune des informations. Il existe dans ce cas une solution : c'est de réfléchir aux utilisations de ces informations, et continuer par ailleurs à suivre d'une oreille le déroulement du cours, jusqu'à capter une information digne de réflexion.

Si par contre nous sommes débordés par une masse d'informations, nous ne pouvons réfléchir et en assimiler qu'une partie, ce qui peut nous conduire au découragement et ôter toute envie d'écouter. Il suffit pourtant de sélectionner les informations qui nous parviennent d'après des critères plus sévères pour réussir à assimiler l'essentiel, et ce en ne tournant qu'une partie de notre attention sur ce qui se dit.

Si vous procédez comme je viens de l'indiquer, vous viendrez à bout de ces situations.

Structurez ce que vous apprenez

Il faut avoir présent à l'esprit que c'est l'utilité d'une information qui détermine sa capacité à atteindre la mémoire de longue durée. Nous pouvons partir du principe qu'il n'existe pas de bonne ou de mauvaise mémoire mais plutôt des gens qui savent plus ou moins bien s'en servir. Nous allons maintenant aborder une nouvelle technique, celle qui consiste à structurer l'information de manière optimale.

Lors de l'apprentissage d'une langue étrangère par exemple, il ne faut jamais étudier deux leçons à la suite. Il est conseillé de faire une pause entre les deux leçons qui permette de penser à autre chose.

Un autre truc : n'apprenez jamais mécaniquement. Établissez des connotations avec des informations déjà acquises, ou demandez-vous si ce que vous apprenez n'est pas régi par des règles que vous avez déjà assimilées. Essayez de trouver la structure de l'objet de vos études, sinon créez-en une, vous établirez ainsi une relation entre vous-même et ce que vous apprenez. Vous pourrez ainsi assimiler des matières arides ou qui vous sont rébarbatives. En 1927, Herbert Woodrow démontra la supériorité d'un apprentissage structuré. Il forma deux groupes d'élèves qui devaient apprendre une série de syllabes dépourvues de sens. Le premier groupe apprit par cœur, comme d'habitude. Il montra par contre au deuxième groupe comment donner un rythme et une structure propres à cette série de syllabes. Au cours des tests qui suivirent il devint évident qu'en se servant des avantages de la technique apprise, le deuxième groupe apprenait mieux et plus vite que le premier groupe.

Mémorisez sans peine

Il y a quelques années, j'entendis parler d'un artiste qui était capable de se souvenir sans faire de fautes d'une série de 60 mots qui ne lui étaient nommés qu'une fois. Ils étaient inscrits, dans son dos, sur un tableau. Il pouvait les répéter en commençant par le début ou la fin de la liste. J'étais très impressionné. Je réussi à obtenir ses coordonnées. Il m'expliqua qu'aucun don spécial n'était nécessaire pour y parvenir. Tout le monde était capable de le faire au bout d'une semaine à peu près.

Pour assimiler et retenir 60 mots ou notions, il suffisait de créer 60 images, chaque mot étant associé à une image. Je m'explique : la première des images de l'artiste en question représentait une tasse. S'il voulait retenir le mot banane, il lui suffisait de visualiser, l'espace d'une seconde, une banane dans une tasse, et il n'oubliait plus le mot banane.

Seul inconvénient de cette méthode : il faut commencer par retenir dans le bon ordre ces 60 images. J'ai trouvé le moyen de contourner la difficulté. Si nous utilisons des mots qui se rapprochent phonétiquement ou contiennent le même son que le numéro d'ordre des images dans la série, nous connaîtrons la place d'une image.

Voici la série que j'ai créée :

1 comme p*ain*
2 comme une paire d'*yeux*
3 comme un *trois*-mâts
4 comme une quatre L (la voiture)
5 comme un cintre
6 comme une scie
7 comme une cassette
8 comme une truite
9 comme un œuf
10 comme un disque
11 comme un bonze
12 comme une blouse
13 comme un trésor
14 comme une cathédrale
15 comme un ballon de rugby à 15
16 comme une chaise
17 comme un porte-clés avec un 17 en pendant
18 comme des huîtres
19 comme un dinosaure
20 comme un verre de vin.

Nous n'avons pas besoin d'apprendre l'ordre des images, puisqu'il est évident.

Quand je dois me souvenir de plus de 20 noms ou rendez-vous, ou autres, je commence à partir de 21 à me représenter les mêmes images, mais doubles depuis le début. Donc pour 21, je visualise deux pains et ce que je veux retenir.

A partir de 41, je me représente un triangle avec dans chaque angle l'image ; donc pour 41 un pain, et au milieu ce dont je veux me souvenir. A partir de 61, je visualise un carré avec dans chaque angle l'image en question et toujours au milieu, ce que je veux retenir. A partir de 81 la même image multipliée par 5.

Pour me souvenir de la 22e information, je vois deux fois une paire d'yeux et bien sûr mon information. Pour retenir la 47e information, je vois une cassette dans chaque angle d'un triangle et mon information. Pour la 77e, 4 porte-clés dans un rectangle, et ce que je veux retenir, et ainsi de suite.

Récemment, un participant à l'un de mes séminaires, eut une idée. Il proposa de simplifier encore cette méthode. Il suffisait de ne toujours compter que de 1 à 20, et à chaque nouvelle série de 20 d'ajouter à chaque image la représentation d'un vieillard. Donc, par exemple 21 est représenté par un vieillard qui tient un pain, 84 par 4 vieillards dans ou devant une 4 L.

J'ai essayé cette méthode et elle marche également. Vous devez aussi apprendre à effacer les informations que vous avez associées à des images pour faire place à des informations plus actuelles. Vous devez visualiser leur suppression le plus nettement possible et leur remplacement par de nouvelles informations.

Quand vous aurez commencé à appliquer cette technique, vous vous rendrez compte de tous les services qu'elle vous rend jour après jour et vous ne pourrez plus vous en passer. Vous constaterez que de nous seul dépend la qualité de notre mémoire. La nature nous a équipés d'une mémoire optimale, et nous devons apprendre à utiliser son potentiel.

RÉSUMÉ

1) Trois auteurs ont fondé la recherche expérimentale sur la mémoire : l'Allemand Hermann Ebbinghaus, l'Américain Edward Lee Thorndike et le Russe Ivan Pavlov.

2) Nous ne pouvons retenir que ce que nous percevons. Pour cette raison, si vous voulez avoir une bonne mémoire, vous devez exercer votre capacité d'observation.

3) Apprenez à oublier. Notez ce qui n'a pas d'importance à longue échéance, vous êtes ainsi prêt à enregistrer ce qui est important.

4) Dirigez votre attention sur ce que vous souhaitez retenir et visualisez-le de suite.

Utilisez la technique de l'association, c'est-à-dire associez ce que vous apprenez à quelque chose que vous connaissez déjà, et la technique de la transformation qui consiste à traduire des concepts en images. Le langage corporel, la mimique, le geste et l'attitude vous y aideront.

6) Si vous voulez retenir des noms et des visages, représentez-vous la personne tenant une ardoise où son nom est inscrit.

7) Pour entraîner votre mémoire, essayez de vous souvenir de ce que vous avez fait il y a 5 minutes, il y a une heure, ou hier.

8) Il existe trois niveaux de fonctionnement de la mémoire : la mémoire de très courte durée, de courte durée et de longue durée. Tout ce qui n'a pas été filtré aux deux niveaux inférieurs, sera enregistré au moyen de processus chimiques à l'échelle moléculaire par la mémoire de longue durée.

9) Il existe quatre formes d'oubli : nous pouvons oublier d'assimiler quelque chose ; nous pouvons refouler une information ; nous pouvons oublier des détails ; et enfin, nous pouvons « savoir » quelque chose mais être incapable de nous en souvenir.

10) La capacité de stockage limitée de la mémoire de courte durée peut être accrue si nous formons des paires

d'informations, et si nous regroupons une information nouvelle à une déjà connue.

11) Plus une représentation est inhabituelle, mieux elle sera mémorisée.

12) Quand nous relions les deux maillons d'une chaîne d'associations, il ne doit pas s'écouler plus d'une demi-seconde. Ce qui veut dire que la réponse doit être donnée tout de suite à une question. C'est seulement à cette condition que nous mémorisons une information de manière optimale.

13) A l'aide d'une « réussite imaginaire », nous renforçons notre motivation et notre joie d'apprendre.

14) Si vous utilisez la mnémotechnique exposée dans la dernière partie de ce chapitre, vous serez en mesure de répéter dans l'ordre ou le désordre, une liste de 100 noms, dates, ou informations entendues une seule fois.

CHAPITRE VII

DÉFINIR VOTRE BUT ET BIEN PLANIFIER

Toute personne qui s'est fixée un but, doit d'abord le définir clairement et doit se demander : Où en suis-je aujourd'hui ? Qu'est-ce que je veux avoir réalisé dans un mois ? Un an ? Dix ans ? Elle sera en mesure de trouver la réponse à d'autres questions, seulement lorsque celles-ci seront élucidées. Puis elle doit se demander : Quels sont les buts que je dois atteindre pour réaliser l'objectif de ma vie ? Qu'est-ce que je dois apprendre ? Que dois-je me procurer ? Quels moyens me sont nécessaires ? Lesquels se trouvent déjà en ma possession ?, etc.

Planning à courte et à longue échéances

Afin de voir clair dans vos multiples projets, commencez par vous faire un planning à courte et longue échéances.

1. Un planning à longue échéance sert à préciser les moyens nécessaires pour atteindre votre but et comment les utiliser de manière optimale.

Le planning à courte échéance s'occupe des détails, par exemple, établir un emploi du temps journalier où les périodes de travail, les pauses, et les temps de repos et de loisirs sont calculés.

Nous devons nous poser les questions suivantes :

Où en suis-je maintenant ?
Qu'est-ce que je désire réaliser ?
Qu'est-ce que je dois apprendre dans ce but ?
Comment mieux apprendre ?
Où puis-je mieux apprendre ?
Quelles sont les qualités que je dois développer ?
Quelles sont les mauvaises habitudes que je dois éliminer ?
De quoi ai-je besoin (livres, disques, cassettes, cartes, etc.) ?
Où trouver ce matériel ?
Comment le financer ?
Combien dois-je investir ?
Comment gagner l'argent nécessaire ?
Qui peut me prêter cet argent ?
Comment le rembourser ?
Quelles sont les difficultés qui peuvent survenir ?
Comment les éliminer ?
Quels sont les buts que je dois d'abord atteindre ?
Qu'est-ce que je dois éviter ?
Quelles sont les erreurs possibles ?
Comment renforcer ma motivation ?
Comment atteindre mon but le plus sûrement, et le plus rapidement ?
Que dois-je faire et dans quel ordre ? (Il est important d'établir une liste des priorités.)

Comment découvrir votre moi réel

Le premier pas vers votre but consiste à faire un bilan :

1. Qui suis-je ?
2. Quelles sont mes réalisations ?

Pour faire le bilan de votre personnalité, séparez par ligne une feuille de papier en deux parties égales. Écrivez à gauche vos qualités et à droite vos défauts.

Demandez-vous en même temps :

Quelle est l'appréciation que je fais de mes traits de caractère, de mes talents, de mes capacités et de mes motivations ?

Comment me voient les autres ? Interrogez votre famille, vos amis, vos connaissances et toutes les personnes dont le jugement a de la valeur pour vous.

Comparez votre évaluation à celle des autres. Le résultat sera rarement identique, mais en général tout le monde a raison ; chacun voit les choses sous un angle.

Faites un bilan de votre environnement

Quand vous êtes arrivé de cette façon à obtenir une image de votre personnalité, faites un bilan de votre environnement. Cela inclut votre famille, votre logement, votre lieu de résidence, vos amis, vos connaissances, vos voisins, vos collègues, votre revenu, vos biens, votre maison, vos placements, votre santé, et autres éléments qui vous semblent importants. Procédez comme vous venez de le faire pour analyser votre personnalité et distinguez les aspects positifs et les aspects négatifs. Comparez votre évaluation à celle des autres.

Précisez le but que vous vous êtes fixé

Quand vous êtes arrivé à une évaluation objective de votre personnalité et de votre environnement, définissez votre but. Vous devez naturellement tenir compte de votre vie familiale, de votre logement, de votre lieu de résidence, de vos amis, de vos connaissances, de votre revenu, de votre vue professionnelle et de votre santé. Mais surtout vous devez clairement vous représenter le but de votre vie.

Ce que vous devez faire pour atteindre votre but

Fixez-vous une date limite pour certains de vos objectifs, cela peut être demain, la semaine prochaine, le mois prochain ou l'année prochaine. Que souhaitez-vous avoir réalisé dans 5 ans ? Dans 10 ans ?

Vous devez d'autre part vous demander quels moyens pour atteindre votre objectif ? Quels talents développer ? Quelles facultés activer ? Quelles habitudes négatives à éliminer ?

Nous procédons tous différemment quant à l'application de ce planning. Certains prévoient leurs journées dans leurs moindres détails, d'autres décident en fonction des circonstances. Chacun doit agir selon son style personnel.

Nous devons faire en sorte que des imprévus ne remettent pas en question notre rythme, quand un travail nécessite plus de temps que prévu par exemple. Prévoyez en détail, mais pas jusqu'à la minutie excessive, sinon vous perdrez de vue l'objet de vos prévisions.

Prendre des notes allège la mémoire

Les opinions divergent à ce sujet. Les uns disent qu'il est plus profitable de se concentrer sur ce qui se dit et qu'il faut écouter avec attention plutôt que de se disperser en écrivant en même temps. D'autres, par contre, argumentent qu'il est impossible de tout retenir et que relire et réfléchir tranquillement chez soi ce que nous avons noté est préférable. Je suis de cet avis. Quels sont les éléments en faveur de la prise de notes ?

— Nous gardons de cette manière l'esprit libre et de l'énergie plus disponible pour autre chose. Nous n'avons pas à nous souvenir de ce que nous écrivons, puisque nous pouvons consulter nos notes si besoin est. Il est d'autre part vérifié que nous oublions au bout d'un laps de temps étonnamment court ce que nous étions sûr d'avoir assimilé. Cela tient au fait, que de nouvelles impressions supplantent très vite les anciennes, ce qui les affaiblit.

— Prendre des notes renforce notre attention car il faut déjà trier les informations avant de les noter. Cela nous oblige donc à nous concentrer et nous empêche de rêvasser. De même, nous assimilons mieux ce que nous écrivons et ainsi, sans en être dépendant, nous avons malgré tout ces informations en tête.

D'après ma propre expérience, je ne peux que vous conseiller de prendre des notes. Comment procéder ? Voici les règles fondamentales :

1. Limitez-vous à l'essentiel pour n'être pas pressé par le temps et pour qu'il vous reste suffisamment d'énergie pour écouter. Vous êtes sûr de ne pas passer à côté de choses importantes. En règle générale, ne faites pas de phrases mais notez

plutôt des mots-clés, le reste vous reviendra lorsque vous le relirez. Il est beaucoup moins difficile de résumer et de se limiter à l'essentiel qu'on ne le croie. Nous devons toujours avoir présent à l'esprit : « Moins d'efforts, et plus de rendement. »

2. Assurez-vous que vos notes sont ordonnées clairement. N'économisez pas sur le papier et n'écrivez que sur un côté de la feuille. Laissez une marge importante. Écrivez de manière à ce que la structure des cours ou des conférences soit apparente. Prenez pour chaque matière une feuille de papier différente et distinguez chaque sujet. En laissant des interlignes, les paragraphes deviennent plus visibles. Utilisez toujours le même format, chaque feuille contient à peu près le même nombre d'informations, et vous pourrez les ordonner plus facilement. Laissez de la place pour d'éventuels commentaires ou adjonctions. Les titres doivent ressortir du texte.

Plus vos notes sont nombreuses, plus vous devez les ordonner clairement. Inscrivez le thème et le numéro de chaque page. Si une feuille se mélange à d'autres, vous la retrouverez et la replacerez à l'endroit qui convient sans difficultés.

3. Que faire en cas de trop ou trop peu d'informations ?

Sélectionnez, si vous êtes dépassé par la quantité des informations qui vous parviennent. N'écrivez que ce qui est important. Si par contre vous sentez l'ennui vous gagner parce que trop peu d'informations vous sont proposées, réfléchissez plus intensivement à chaque information et notez les utilisations éventuelles que vous pourrez en faire par la suite. Cela vous maintient éveillé et vous aide à rester concentré.

Vous travaillez ainsi de manière rationnelle puisque vous devrez de toute manière réfléchir à ces informations par la suite.

RÉSUMÉ

1) Définissez clairement vos objectifs.

2) Faites un bilan sur vous-même. Examinez ce que vous avez réalisé jusqu'à présent et comparez votre jugement à celui de vos amis, de vos connaissances et des personnes que vous pensez être compétentes.

3) Faites-vous un planning à courte et à longue échéances.

4) Réfléchissez aux moyens et aux conditions qui vous sont nécessaires pour atteindre vos buts.

5) Fixez-vous des dates limites pour réaliser vos objectifs à courte et à longue échéances.

6) Organisez vos journées d'après un emploi du temps Ne soyez pas minutieux à l'excès dans vos prévisions.

7) Des notes allègent votre mémoire et vous aident à vous concentrer sur l'essentiel.

8) Prendre des notes vous oblige à rester concentré et évite de vous disperser. On retient plus facilement ce que nous avons écrit.

9) Soignez vos notes afin de pouvoir vous y retrouver par la suite. N'économisez pas le papier.

10) Utilisez toujours le même format et numérotez les feuilles au fur et à mesure.

11) Si vous vous sentez dépassé par la quantité des informations, limitez-vous à l'essentiel en suivant le reste d'une oreille seulement.

12) Si la quantité des informations est insuffisante, ne vous laissez pas distraire, mais commencez plutôt à tout de suite réfléchir à ce que vous avez noté et à l'utilisation future. Vous restez dans le sujet et économisez du temps.

CHAPITRE VIII

LIEU ET RYTHME DE TRAVAIL

L'importance du lieu de travail

Tout le monde, malheureusement, ne dispose pas d'une place de travail idéale ; cependant pour apprendre efficacement, il est indispensable qu'elle réponde à certains critères. Il est très important d'avoir un lieu de travail fixe, si possible dans une pièce réservée à cet effet. Le plan de travail devrait avoir au moins les dimensions suivantes : 1,20 m × 0,60 m. Vous avez ainsi la possibilité de poser ce dont vous avez besoin pour travailler, dossiers ou livres par exemple, sans être gêné dans vos mouvements.

L'ordre est nécessaire

Ne conservez sur votre table que ce qui vous est indispensable. Il vous sera plus facile de maintenir de l'ordre. Vous avez tout dans votre champ visuel ou plus exactement à portée de main. Des jeux de cache-cache peuvent être très amusants, mais ils distraient et interrompent le cours des pensées. Si vous ne pouvez pas tout placer sur votre bureau, faites en sorte que vous puissiez tout atteindre de votre place. Non seulement pour une raison de confort, mais pour créer des conditions idéales d'apprentissage et de concentration. Le corps a besoin de mouvements, mais il est préférable de faire des pauses à intervalles réguliers.

Renoncez à écouter de la musique, sauf s'il s'agit d'une musique qui exerce une action stimulante sur l'apprentissage, comme celle dont nous parlerons un peu plus loin (voir le chapitre consacré à la suggestopédie, méthode créée par le professeur Losanov). Renoncez également à la télévision et à tout ce qui peut provoquer une stimulation auditive ou visuelle.

Le rangement de vos outils de travail

Prenez l'habitude de remettre à leur place les outils de travail dont vous n'avez plus besoin. Plus un outil de travail est important pour vous, plus il doit être à votre portée. Commencez seulement à travailler quand tous les dossiers, les instruments, et autres dont vous avez besoin sont prêts à l'emploi et sont à leur place. Ce n'est pas la quantité de vos outils de travail qui détermine la réussite de votre apprentissage, mais leur choix et leur bonne disposition.

L'ordre ne doit jamais devenir un but en soi ; par exemple faire attention à ce que des crayons soient toujours placés bien parallèles les uns aux autres n'apporte rien. Le temps que vous investissez dans cet effort est disproportionné par rapport au profit que vous en tirez.

Souciez-vous de votre confort

Votre lieu de travail doit être confortable. La hauteur de votre chaise doit être en rapport avec celle de la table ; naturellement, il et encore mieux ce posséder une chaise à hauteur réglabe. Il est tellement fatigant pour le dos de travailler dans une mauvaise posture, fait que c'est plus un travail physique qu'intellectuel.

Maintenez une atmosphère agréable dans votre pièce de travail. Si vous avez froid ou si vous transpirez, vous ne pouvez pas travailler efficacement. L'ambiance n'est pas la même de travailler dans une maison en bois ou dans un cube de béton. Mais nous devons nous adapter aux circonstances.

Chacun doit également créer un bon « climat » intérieur, de détente et de bonne humeur avant de commencer à apprendre.

Lisez par exemple quelques pages d'un livre, écoutez une musique qui vous plaît ou évoquez tout simplement un souvenir agréable. Cette petite perte de temps est largement compensée par la meilleure qualité du rendement qui en résulte. Décorez votre pièce de travail de manière à vous y sentir bien. Un environnement agréable stimule vos capacités.

Le bon éclairage

Vous devez disposer d'un éclairage suffisant. La lumière ne doit pas éblouir ou fatiguer vos yeux. Les ampoules électriques sont préférables aux éclairages au néon. Bien sûr, la meilleure lumière reste celle du jour. Je vous conseille pour cette raison d'installer votre poste de travail près d'une fenêtre, l'air frais vous stimulera. Trop de lumière artificielle ou pas assez est néfaste pour la vue. Placez votre éclairage afin que la lumière, sauf si vous êtes gaucher, tombe devant vous, du côté gauche : ainsi votre main ne fait pas d'ombre en écrivant et vous pouvez lire plus facilement ce que vous venez d'inscrire. Si vous travaillez à la lumière artificielle, évitez d'avoir des zones d'ombre dans la pièce.

Parallèlement à la lampe qui est dirigée sur votre plan de travail, une autre source de lumière est nécessaire, éclairant son ensemble. La lampe placée sur votre bureau doit éclairer l'ensemble de votre plan de travail avec une intensité uniforme. La surface de votre bureau doit être non réfléchissante. Portez des vêtements confortables, rien ne doit vous distraire de votre tâche, qui est d'apprendre.

Pendant combien de temps peut-on rester concentré

Diverses expériences ont démontré que la capacité de concentration maximale est en général épuisée dans la première demi-heure. Des scientifiques affirment même que le maximum n'excède pas 15 à 20 minutes. Ainsi donc il faut effectuer une pause de 3 minutes toutes les demi-heures. Une pause de moins de 3 minutes ne suffit pas pour garantir une vraie détente. Par contre, si nous les dépassons, nous risquons d'avoir perdu le fil de notre étude au moment de reprendre le travail.

Si nous ne faisons pas de pause, notre rendement baisse rapidement. Notre capacité de rendement est soumise à des variations comme le montre le graphique ci-dessous qui indique les variations de rendement physiologiques pendant 24 heures.

Variations de la capacité de rendement physiologique pendant 24 heures (d'après O. Graf).

Comment éviter le surmenage cérébral

Il existe trois manières d'éviter le surmenage cérébral :

1. Vous prévoyez une courte pause à intervalles réguliers, environ toutes les 30 minutes.

2. N'oubliez pas au cours de ces pauses quelques exercices physiques.

Variez les sujets. Ne vous consacrez pas à un même sujet trop longtemps : il vaut mieux alterner les différents travaux .

Ne restez pas assis pendant les pauses, marchez dans la pièce, ou sortez, parlez de choses et d'autres, ou étendez-vous sur un divan. Vous devez de toute manière vous décontracter. Ne pensez plus à ce que vous avez fait ni ce que vous allez faire, après cette pause.

Ce que vous gagnez à faire des pauses

Vous gagnez du temps. En effet, la concentration, la capacité de travail et d'assimilation sont notablement plus élevées après la pause. Prenez donc l'habitude de vous ménager des pauses au cours de votre travail. En plus des courtes pauses déjà citées, il en faut de plus longues, de 20 à 30 minutes, toutes les deux heures. Vous devriez attaquer un travail nouveau à la suite de ces pauses de 20 minutes. Vous ne serez pas handicapé par le blocage de la ressemblance et assimilerez beaucoup plus aisément ces nouvelles informations. Ces pauses « longues » ne doivent pas durer plus de deux heures, sinon votre motivation sera émoussée.

Il est significatif de constater que l'annonce, ou la seule attente d'une pause, augmente le rendement. Je vous conseille de vous fixer de petits objectifs, à chaque but atteint. Vous vous accordez une pause. Vous accumulerez ainsi une série de succès limités et vous diviserez en même temps ce que vous apprenez en une suite de paragraphes clairs.

Le manque de mouvement influe sur la capacité de produire

Le corps humain est de par nature fait pour le mouvement. Une occupation sédentaire va justement à l'encontre de sa nature. Malheureusement, la plupart des gens ont perdu la faculté de percevoir les signaux de leur corps. Une enquête en milieu étudiant a révélé que 46 % des étudiants et jusqu'à 72 % des étudiantes souffrent de troubles provenant d'un manque d'exercice physique.

Si nous ne bougeons pas suffisamment, la respiration ne peut se faire de manière optimale, et le cerveau, principal consommateur d'oxygène de l'organisme, ne fonctionne plus au mieux de ses possibilités, même toutes les autres conditions idéales réunies. Pour rester en bonne santé et avoir un rendement intellectuel valable, nous avons besoin de mouvement et si possible de respirer de l'air frais.

Mais pour la plupart d'entre nous qui vivons dans l'hémisphère nord, la réalité est un manque de mouvement et une nourriture trop abondante. Et nous nous étonnons que notre concentration soit déficiente ! Celui qui attend des performances psychiques ou physiques devrait satisfaire au moins un minimum des besoins de son corps. Nous devons aussi changer de posture au cours d'un travail intellectuel ; nous ne pouvons pas rester assis continuellement. Nous pouvons au moins au cours des pauses faire quelques pas dans la pièce. Nous pouvons également apprendre du vocabulaire, ou revoir mentalement ce que nous venons de lire, tout en marchant. Le corps ainsi que l'esprit seront satisfaits.

Un fichier présente de nombreux avantages

Un fichier nécessite un minimum de matériel et de temps, et présente des avantages dont il faut savoir profiter.

Un fichier, nous permet de diviser un sujet en petites unités et de les ordonner en fonction de nos besoins spécifiques. Nous pouvons également décider du rythme d'apprentissage qui nous convient et de la fréquence des leçons et des révisions. Nous économisons aussi du temps car il ne faut pas, par exemple, réviser toute une leçon de grammaire mais seulement ce que nous ne maîtrisons pas encore. Nous vérifions le niveau de nos connaissances constamment, et les trions.

Un fichier permet quelle que soit la cause ou la longueur de l'interruption de reprendre notre travail à l'endroit où nous nous sommes arrêtés. La création d'un fichier n'est ni difficile, ni coûteuse. Peu d'argent de poche y suffit. Par contre, personne ne peut faire à votre place le travail nécessaire à son élaboration et vous apprendrez déjà en le créant. Travailler à l'aide d'un fichier procure de petits succès et motive l'étudiant en permanence.

Comment se servir d'un fichier

Si vous voulez vous faire un fichier, vous devez procéder de la façon suivante :

1. Trouvez une boîte adéquate. Le format des cartes est déterminé par le sujet et la quantité des informations qu'il doit comporter. Il vaut mieux prendre un format trop grand que trop petit.

2. Prévoyez cinq cases dont vous pouvez varier la dimension en fonction de vos besoins.

3. Divisez votre sujet en unités adaptées au format de vos cartes. Indiquez au recto le sujet par un mot-clé ou une courte phrase, et au verso les explications ou annotations.

4. Commencez par mettre toutes les cartes dans la première case. Étudiez soigneusement tous les jours entre 10 et 15 cartes. Après les avoir étudiées, rangez-les dans la deuxième case. Chaque jour commencez par vérifier si vous vous souvenez de ce que vous avez appris la veille, et si c'est le cas, placez les cartes de la deuxième case dans la troisième. Si par contre vous avez des lacunes, replacez les cartes à réapprendre dans la première case. Environ tous les trois jours, révisez le contenu de la troisième case. Toutes les cartes qui ne vous posent pas de problème avancent à la quatrième case. Celles que vous ne connaissez pas parfaitement reculent d'une case. En apprenant à l'aide d'un fichier, vous aurez le plaisir de voir votre savoir, sous la forme de cartes, augmenter de jour en jour.

Quand la cinquième case est pleine, faites une révision générale de toutes les cartes. Les fiches que vous connaissez peuvent être mises en archive. Leur contenu est maintenant gravé dans votre mémoire. Au besoin vous pouvez conserver ces fiches pour les réutiliser éventuellement plus tard. Mais c'est en général superflu.

Cela en vaut la peine

Un autre avantage à cette méthode : vous simulez tous les jours une situation d'examen, vous en perdez progressivement, appréhension, et ce, sans vous en apercevoir. Le jour de l'examen, vous verrez que vous répondrez avec calme, et que vous n'éprouverez plus aucune difficulté à vous souvenir de ce que vous avez appris de cette manière, alors que précédemment vous étiez souvent nerveux, et restiez sans voix.

Il est possible que vous pensiez que la création d'un fichier demande trop de travail, et que vous y renonciez pour cette raison. Je vous conseille cependant d'essayer au moins une fois afin de juger du plaisir que procure l'apprentissage sous cette forme. Vous ne devez le faire qu'aussi longtemps que cela vous plaît. Je suis persuadé que vous découvrirez vous aussi les avantages de cette méthode, dont vous ne pourrez plus vous passer. Libre à vous dans le cas contraire d'arrêter si vous n'en avez plus envie. Mais ce que vous aurez appris, vous restera acquis.

Le progrès dans l'apprentissage

Tout étudiant devrait être conscient dès le départ, du fait qu'il n'existe pas de progrès continu dans un apprentissage, sauf dans des cas très rares. On distingue généralement 4 phases :

1. Tous les débuts sont difficiles, et une nouvelle tâche ou technique nous pose au départ souvent des problèmes. Confrontés à de nouvelles activités, nous devons établir une relation avec le sujet, et apprendre à en comprendre la structure.

2. Au cours de la deuxième phase, tout semble aller de soi. Dès que nous avons compris ce dont il s'agit, nous faisons de grands progrès sans beaucoup d'efforts. Nous sommes satisfait de nous-même et de nos résultats.

3. Pendant la troisième phase, rien ne va plus. Tout semble brusquement s'arrêter. Même si nous travaillons avec assiduité, nous avons le sentiment de faire du sur place. Notre enthousiasme s'envole et nous pensons que nous régressons plutôt que d'avancer. Une phase de l'apprentissage est atteinte.

4. Si nous continuons à apprendre en ignorant les sentiments décevants que nous éprouvons, nous nous apercevrons au bout de quelques jours que nous atteindrons notre rendement précédent. Il est probable que de telles coupures se reproduisent. Mais il existe une aide : celle de se libérer de l'idée d'un progrès journalier.

Respecter votre planning journalier est déjà une réussite en soi, et vous atteindrez ainsi certainement le but que vous vous êtes fixé.

RÉSUMÉ

1) Un poste de travail qui respecte les mesures ergonomiques joue un grand rôle dans le succès de l'apprentissage.

2) Seuls les outils de travail vraiment nécessaires doivent se trouver à portée de la main, sur la table ou le bureau.

3) La musique est généralement gênante, sauf la musique conseillée par le docteur Losanov pour la suggestopédie.

4) Maintenez une bonne température dans votre bureau et détendez-vous avant de commencer à apprendre.

5) Votre plan de travail doit avoir l'éclairage à gauche, de face. La lumière ne doit être ni trop forte, ni trop faible.

6) Aérez votre pièce suffisamment.

7) Faites une pause de 3 minutes toutes les demi-heures.

8) Au cours de ces courtes pauses vous pouvez éviter le surmenage en faisant de l'exercice physique, si possible à l'extérieur, et en variant les sujets que vous étudiez à la suite.

9) Accordez-vous une pause de 20 à 30 minutes, toutes les deux heures environ.

10) Fixez-vous des objectifs rapprochés ; de cette manière, de succès en succès votre rendement s'en trouvera amélioré.

11) Un manque de mouvements réduit l'approvisionnement en oxygène de notre organisme et a une influence néfaste sur notre capacité de rendement.

12) Profitez des avantages d'un fichier. Il vous permet de diviser ce que vous étudiez en unités clairement définies.

13) Quand vous travaillez à l'aide d'un fichier, vous décidez vous-même du rythme de vos acquisitions et de la fréquence de vos révisions. Immédiatement vous savez l'étendue de vos connaissances et vos lacunes.

14) Un fichier vous procure des succès continus et vous motive en permanence.

15) La situation d'examen devient une expérience journalière et vous perdez ainsi la peur que vous pourriez éprouver au cours d'un examen véritable.

16) Il n'existe pas de progrès continus dans un apprentissage. Vous devez compter sur des phases de progrès et de stagnation. Compensez les coupures d'un apprentissage en respectant l'emploi du temps que vous vous êtes fixé.

CHAPITRE IX

CE QU'IL FAUT SAVOIR AU SUJET DES EXAMENS

La préparation est décisive

Tous ceux qui doivent subir le rituel angoissant d'un examen devraient savoir que leurs résultats sont jusqu'à 90 % prévisibles avant même l'épreuve. Nombre de candidats pensent, à tort, que les examens sont le moyen pour des professeurs sadiques, de faire souffrir des « délinquants », ces derniers ne vivant que dans l'espoir de ne pas être recalés. En réalité, un examen donne la possibilité de faire une auto-critique et de vérifier le niveau exact de nos connaissances. Les résultats d'un examen sont rarement supérieurs à ce que sa préparation peut laisser prévoir. Il reste peu à faire à celui qui est bien préparé, pour influencer positivement l'issue de l'examen. Il peut arriver d'obtenir de mauvais résultats malgré une préparation consciencieuse, mais il est par contre peu vraisemblable d'en obtenir de bons, sans s'être auparavant préparé en conséquence.

La meilleure préparation commence pendant les cours

La préparation ne doit pas servir à tranquilliser notre conscience, mais à maîtriser effectivement les sujets éventuels de l'examen. Nous devons d'abord connaître précisément leur étendue et trouver la meilleure façon de les apprendre vite et convenablement. Il est dans tous les cas très avantageux de disposer de notes que nous n'avons plus qu'à consulter, éventuellement à compléter et à assimiler. Si des notes manquent, nous devons faire des recherches dans des livres afin de compléter nos connaissances. Le gain de temps primaire se transforme finalement en une longue recherche secondaire. Nous ne pouvons jamais être tout à fait sûrs d'avoir tenu compte de tout ce qui se rattache au sujet.

Si nous avons travaillé le sujet pendant ou tout de suite après le cours, une révision peut être rapide. Dans le cas contraire, même des semaines de préparation, ne suffisent pas à garantir la réussite à un examen. C'est pourquoi il ne faut pas essayer de gagner du temps là où c'est inutile. Le comportement pendant les cours détermine les résultats de l'examen.

L'importance de l'examen

Avant de passer un examen, demandez-vous quelle importance il a pour vous. A la suite de quoi, vous devez le préparer avec le soin qu'il convient. Tous les examens ne représentent pas le même intérêt ; vous devez donc fixer des priorités. Il peut arriver que vous ratiez un examen. Si c'est un examen important, vous réduisez ce risque en le préparant en conséquence.

Commencez votre préparation à temps

Ne commencez pas votre préparation trop tard, sinon, pressé par le temps, vous risquez de laisser quelque chose d'important non révisé. Vous devez avoir le temps de contrôler votre savoir ; vos connaissances acquises, ce qui vous reste à apprendre et ce que vous pouvez laisser de côté si le temps vous est compté.

Comme la plupart de gens ont tendance à sous-évaluer le travail préparatoire nécessaire, il est toujours bon de disposer de suffisamment de temps pour régler un travail inattendu.

Il peut être utile de s'interroger sur les erreurs commises au cours d'examens précédents, car on a tendance à répéter les mêmes.

N'apprenez pas juste avant l'examen

Vous ne devriez en aucun cas vous forcer à avoir un rendement intellectuel juste avant un examen. Vous devriez au contraire vous organiser pour que vos révisions soient terminées la veille et que vous soyiez libre de vous consacrer à d'autres occupations. De toutes façons, la coutume qui consiste à passer la nuit qui précède l'examen à bûcher, est absolument néfaste. Un tel comportement ne va pas seulement à l'encontre des découvertes de la psychologie de l'apprentissage, il est de plus peu efficace. Arriver fatigué à un examen diminue les chances de réussite.

Il est préférable de conserver le rythme d'apprentissage habituel et de garder de l'énergie pour l'examen lui-même. Il est particulièrement important d'être intérieurement équilibré. C'est seulement à cette condition que vous atteindrez des résultats optimaux.

Libérez-vous de la peur des examens

Certains candidats ont une telle peur de l'examen qu'ils obtiennent de moins bons résultats que ne le laisserait supposer le niveau de leurs connaissances. Cette angoisse est souvent accompagnée de cauchemards et d'insomnies. Et quand le jour fatidique est là, le candidat se retrouve devant le jury, tout son travail n'a servi à rien, il ne sait que dire et a la tête vide. Si c'est le cas pensez que toute personne est nerveuse dans une situation exceptionnelle. Mais une peur extrême des examens, indique l'existence d'un problème psychique présent dans d'autres situations et qui doit être résolu. Pour remédier à la peur normale d'un examen, continuer à mener une vie normale, faites du sport, allez au cinéma, changez-vous les idées. Les préparations déjà citées peuvent soulager.

L'aide de l'auto-hypnose

L'auto-hypnose est le moyen le plus efficace de lutter contre le trac. C'est pourquoi il est bon d'apprendre à temps cette technique *. A l'aide de l'auto-hypnose, nous pouvons transformer le programme « peur » en un programme « confiance en soi ». Quand vous vous êtes programmé à affronter l'examen décontracté, calme, en ayant assurance et confiance, et à répondre aux questions posées et obtenir de bons résultats, vous n'avez plus aucune raison de réviser encore votre sujet cinq minutes avant l'examen. Vous n'en tireriez que des désavantages, car dans une telle situation de fatigue nerveuse, le processus de mémorisation peut se bloquer. C'est le cas quand de nouvelles informations se superposent momentanément à d'autres déjà gravées dans la mémoire, et les rend indisponibles au moment voulu. N'apprenez jamais à la hâte, juste avant un examen. Vous utiliserez beaucoup mieux ces dernières minutes pour vous calmer et ainsi affronter votre examen, intérieurement équilibré. C'est seulement à cette condition que vous obtiendrez un résultat optimal.

Simulez l'examen chez vous

Vous pouvez répéter un examen chez vous. Tous les acteurs de théâtre répètent pendant des semaines, voire des mois avant la première. Vous pouvez, vous aussi, avec une autre personne, répéter votre examen bien avant sa date. L'un joue le rôle du candidat et l'autre celui de l'examinateur. L'examinateur doit essayer, en posant des questions difficiles, de découvrir les lacunes du candidat. Le candidat a encore le temps nécessaire pour corriger ses erreurs et réapprendre ce qui s'est révélé être insuffisamment compris ou assimilé, pour que tout marche le jour de l'examen.

S'il vous manque le partenaire, assumez les deux rôles et interrogez-vous vous-même. Vous irez plus tranquillement à votre examen si vous avez contrôlé en profondeur le degré de vos connaissances au cours de ces simulations.

Comment procéder au cours de l'examen

C'est le jour « J ». Vous devez rester très calme et, s'il s'agit d'un examen écrit, d'abord passer en revue l'ensemble

---

* Je vous conseille ma méthode « Les techniques secrètes de l'hypnose », parue aux éditions Godefroy.

des questions posées. Commencez par répondre aux questions simples, puis à celles auxquelles vous pouvez répondre en réfléchissant un peu et finalement, consacrez-vous aux questions plus complexes.

Vous serez ainsi assuré de ne laisser aucun blanc là où vous auriez pu répondre facilement, ayant perdu du temps sur un problème épineux et n'en ayant plus pour traiter les sujets connus. Vous pensez peut-être que c'est une évidence. C'est vrai, mais je sais que dans la pratique cette erreur est très souvent faite.

Vous devez aussi garder assez de temps pour vous relire et corriger des fautes éventuelles. Certaines erreurs apparaissent plus facilement dans un contexte qu'isolées. La plupart des fautes commises sont des fautes d'inattention, que l'on peut éviter facilement.

Si vous séchez sur une question, ce n'est pas une raison pour paniquer. Personne ne dispose d'un savoir universel et l'on n'attend pas de vous des connaissances sans failles. Il est possible que la réponse vous revienne plus tard ou que vous trouviez une autre solution. Souvent une solution apparaît au cours d'autres réponses sur un autre problème.

Si vous avez la tentation de copier sur vos voisins, n'oubliez pas qu'ils peuvent, eux aussi, faire des erreurs. Ne changez rien à votre solution si vous voyez que votre voisin en a une autre. Cela devrait tout au plus être une raison de vérifier l'exactitude de la vôtre. En cas de doute, fiez-vous à votre conviction personnelle.

Si vous échouez à un examen, ce n'est pas une raison de vous désespérer, au contraire. Cela peut vous être très bénéfique si vous en tirez les conséquences, et décidez de vous préparer plus consciencieusement la fois suivante. Ne croyez pas que vous passerez des examens seulement au cours ou à la fin de vos études. Nous devons, dans la vie, nous soumettre à de nombreux examens et ils auraient plutôt tendance à être de plus en plus difficiles. Soyez donc toujours prêt.

RÉSUMÉ

1) La préparation détermine à 90 % le résultat de l'examen. Pour cette raison, il est important d'être aussi bien préparé que possible. La meilleure préparation commence pendant les cours.

2) Prenez des notes soignées pendant les cours ou tout de suite après ; qui vous faciliteront considérablement la préparation ultérieure de votre examen.

3) Ne cherchez pas à approfondir tous les sujets d'un examen, mais fixez-vous des priorités. Il y a des sujets importants et d'autres qui le sont moins.

4) Commencez votre préparation à temps et arrêtez au plus tard la veille de l'examen ; sinon il se pourrait que le processus de mémorisation se bloque et que vous soyez coupé des connaissances déjà acquises.

5) Conservez votre style de vie habituel car tout changement vous coûte de l'énergie et augmente la nervosité.

6) Vous pouvez éliminer l'angoisse d'un examen en suivant votre rythme de vie habituel, en faisant du sport, en allant au cinéma, etc. De plus, certaines préparations homéopathiques aident beaucoup, contrairement aux tranquillisants chimiothérapiques, car ces derniers augmentent les temps de réaction. Le meilleur moyen de se libérer de cette angoisse est l'auto-hypnose, une technique qui s'apprend en l'espace d'une journée.

7) Simulez la situation d'examen seul ou avec un partenaire, jusqu'à ce que vous puissiez répondre aux questions les plus difficiles que votre « examinateur » vous pose.

8) Au cours d'un examen écrit, ne traitez pas les problèmes dans l'ordre mais en commençant par les questions les plus simples, puis en répondant à celles de moyenne difficulté, et enfin aux plus épineuses ; vous éviterez ainsi de perdre du temps.

9) Il est conseillé de se relire un peu avant la fin de l'examen et de corriger les erreurs éventuelles.

10) Si vous êtes tenté de copier sur vos voisins, pensez qu'ils peuvent eux aussi faire des erreurs.

11) Si vous échouez à un examen, ne vous découragez pas ; préparez-vous mieux à l'avenir.

CHAPITRE X

RÉAPPRENEZ A LIRE

Un vieux dicton dit : « L'exercice fait le maître. »

Le choix de l'exercice est aussi très important, et la lecture doit maintenant être abordée.

En effet, la plupart des gens pourrait apprendre plus rapidement s'ils étaient capables de lire plus vite. Il existe bien sûr des limites physiologiques à l'augmentation de la vitesse qui est déterminée par perception rétinienne et la capacité du cerveau à traiter ces informations pendant une unité de temps. D'un autre côté, cette capacité du cerveau est presque illimitée, donc en premier lieu on doit alléger le travail des yeux. L'œil par suite d'habitudes néfastes de lecture, doit fournir un travail énorme, grâce à de nouvelles techniques on peut alléger considérablement cette peine.

La vue périphérique

Le lecteur qui lit inutilement lentement, gaspille un temps précieux. Moins nous utilisons d'énergie pour lire, et plus nous en avons à notre disposition pour réfléchir au sujet en question.

Pour arriver à ce point, nous devons arrêter de lire mot à mot. Il est beaucoup plus rationnel d'embrasser du regard un groupe de mots. Nous devrions être capable de lire toute une ligne en trois mouvements oculaires. Quand vous vous y êtes exercé un certain temps, vous vous apercevez qu'une ligne se laisse aussi diviser en deux parties visuelles égales.

Pour vous exercer à lire de cette manière, prenez un livre et tirez deux traits verticaux qui séparent les pages en trois colonnes égales. Commencez à lire. Votre regard ne doit pas se poser sur le premier mot mais embrasser le groupe de mots qui se trouve avant le premier trait vertical. Bougez les yeux de manière à voir le groupe de mots qui se trouve dans la deuxième colonne, puis dans la troisième colonne. Vous lisez donc une ligne de cette manière en trois étapes ou plus exactement en bougeant les yeux trois fois.

Vous pouvez plus tard commencer à poser les yeux sur le premier trait vertical puis sur le deuxième trait, et vous vous apercevrez avec étonnement que vous pouvez lire une ligne en ne bougeant les yeux que deux fois facilement. Contrairement à d'habitude, où vous devez en moyenne bouger neuf fois les yeux, vous ne les bougez plus que trois fois et par la suite deux fois.

Au bout de trois mois, votre vue périphérique est suffisamment développée, pour qu'un seul arrêt des yeux suffit par ligne. Pour développer cette faculté, divisez votre page en deux parties égales, par une ligne verticale et ne dirigez votre regard qu'à l'endroit de la séparation.

Il est évident, que cette technique soulage énormément la musculature des yeux. Elle est facile à apprendre. Nous pouvons tous lire une ligne en trois étapes (puis en deux étapes) si nous essayons de le faire consciemment. Vous pouvez donc sans exercice préalable réduire le travail de vos yeux à un tiers de la normale, sans affecter la perception des informations, et sans vous fatiguer plus.

Exercez votre vue périphérique à l'aide de la liste de mots ou de groupes de mots suivante :

nuit	4	lettres
stylo	5	”
chaise	6	”
lumière	7	”
fauteuil	8	”
situation	9	”
anthologie	10	”
demi-sommeil	11	”
dictionnaire	12	”

incorporation	13	lettres
décolonisation	14	”
éclaircissement	15	”
électromécanique	16	”
inconstitutionnel	17	”
neurophysiologiste	18	”
C'est une vraie question	19	”
procès-verbal de saisie	20	”
un lecteur sans exercice	21	”

Lire vite augmente la vitesse de perception

La lecture rapide provoque automatiquement une accélération du processus de perception, ce qui veut dire que l'on apprend à assimiler et à travailler le contenu d'un texte plus vite. Nous pouvons même aller jusqu'à dire qu'en augmentant notre vitesse de lecture, nous pénétrons un texte plus en profondeur, et c'est probablement parce que les informations défilent plus vite devant notre œil mental et forment un tout plus rapidement, donc deviennent plus faciles à comprendre. Normalement, après un entraînement de trois mois de la vue périphérique, nous pouvons lire confortablement un livre de 200 pages en 2 heures, et cette façon de lire est beaucoup moins fatigante que la technique conventionnelle du mot à mot.

Votre vocabulaire, votre concentration et votre aptitude à assimiler se développent quand vous lisez vite

Avec le temps, cette méthode a l'avantage d'enrichir considérablement votre vocabulaire. Plus vous disposez de mots, mieux vous pouvez vous exprimer. La méthode exerce en même temps la mémoire, particulièrement quand on prend l'habitude, à la fin d'un livre, d'en revoir le contenu en pensée, de réfléchir à des affirmations importantes, et de contrôler leur signification par rapport à notre vie. Nous pouvons dans le même temps assimiler plus du double des informations, mais ce n'est en aucun cas le seul avantage de la lecture rapide. Nous pouvons nous servir de ce temps gagné pour mieux approfondir les sujets que nous venons de lire. La valeur d'une information se mesure par rapport à son utilisation ultérieure pratique et son action sur la personnalité.

La lecture rapide renforce la concentration du lecteur, car il n'est plus tenté de penser à autre chose. Avec le temps et l'entraînement, la concentration augmente notablement.

Vous pouvez accélérer le processus en pratiquant les exercices de concentration déjà décrits.

Lisez activement et non passivement

Vous devriez prendre l'habitude d'adapter la vitesse de votre lecture aux thèmes en question et à leur signification. En voiture, vous ne pouvez pas toujours faire de la vitesse, vous devez respecter le code de la route et vous adapter aux circonstances.

Avant de commencer à lire un livre, étudiez la table des matières. Vous pouvez déjà effectuer un tri et laisser de côté les chapitres qui ne vous intéressent pas. Regardez la table des matières, comme un gourmet regarde la carte au restaurant et choisissez en fonction de vos objectifs ce qui est le meilleur pour vous. Même si vous avez l'intention de lire le livre en entier, vous disposez d'une vue d'ensemble de son contenu et de l'ordre dans lequel cela vous est offert. Souvent il suffit de lire le résumé de chapitres d'importance secondaire. Vous économisez ainsi du temps et vous savez malgré tout de quoi il est question.

Avant votre lecture, interrogez-vous afin de savoir ce que vous attendez d'un livre et ce sur quoi vous devez porter votre attention. Vous vous transformez en chercheur actif, au lieu d'avoir un rôle passif. Cela augmente votre intérêt et la joie que vous procure ce travail. Dans ces conditions, il est enfin beaucoup plus facile de distinguer ce qui est primordial de ce qui est secondaire, puisque vous savez exactement ce que vous cherchez.

Je vous conseille également de lire l'introduction, car là, sont les intentions de l'auteur. Les bibliographies, à la fin d'un ouvrage, sont souvent de vraies mines d'or. Parfois nous trouvons dans des livres peu intéressants sous d'autres aspects, des informations qui peuvent nous être par la suite très utiles.

Quand vous travaillez sur un livre, faites un court résumé après chaque chapitre et une récapitulation de ce qui vous a paru important. Il est plus profitable encore de faire un repère dans la marge de tous les passages intéressants et informatifs. Si besoin est nous pouvons recopier ces passages, ou les relire au cours d'une révision, et assimiler ainsi une version résumée du livre.

Mais il ne s'agit pas ici de mettre la charrue avant les bœufs et nous allons nous intéresser aux handicaps habituels qui empêchent une lecture rapide, avant d'en découvrir les techniques les plus efficaces.

Les handicaps les plus répandus

1. Épeler

La majorité d'entre nous a appris à l'école à déchiffrer les mots lettre par lettre. Inconsciemment, beaucoup de gens conservent cette habitude toute leur vie, au lieu de lire le mot comme un tout.

2. Lire mot à mot

Cette technique de lecture marque déjà un progrès par rapport à la précédente mais elle fatigue beaucoup les yeux et gêne la fluidité de lecture. Avec un peu d'entraînement, vous pouvez déjà lire des groupes de mots, ce qui entre autres, soulage considérablement les yeux.

3. Parler en même temps

Que vous fassiez juste un mouvement de lèvres ou que vous chuchotiez, ou encore que vous parliez mentalement, cela lie votre vitesse de lecture à celle de la diction.

Comme nous lisons beaucoup plus vite que nous écrivons, cela ralentit inutilement notre vitesse de lecture.

Presser une feuille de papier entre les lèvres aide à se débarrasser de cette mauvaise habitude.

4. Suivre les lignes

Quand nous suivons les lignes, que ce soit avec un doigt, un stylo ou autre, nous ralentissons considérablement notre vitesse de lecture.

5. **Lire avec retour en arrière**

Certains lecteurs reviennent constamment sur des mots déjà lus une ou plusieurs fois. Cela tient à un manque de concentration, qui oblige à revenir sur le texte.

6. **Fixer trop souvent**

Comme je l'ai déjà dit, en lisant mot à mot, nos yeux doivent en moyenne fixer 9 fois par ligne un nouveau segment de celle-ci. Le nombre de fois peut être facilement réduit à deux et avec entraînement parfait à une fois par ligne. Il ne faut pas commencer par regarder le premier mot d'une ligne et terminer en fixant le dernier. Si nous commençons ainsi par le deuxième et terminons par l'avant-dernier, nous lisons sans fatigue supplémentaire, le premier et le dernier mot compris. Parallèlement à l'augmentation de la vitesse de lecture, la réduction du nombre de fois où le regard se pose soulage notablement les muscles oculaires.

7. **La lecture à la hâte**

Beaucoup de gens confondent lecture rapide et lecture à la hâte. La lecture rapide devrait, si nous l'exécutons correctement avoir une action calmante. Dès que vous remarquez que vous êtes tendu, vous devriez réduire votre vitesse de lecture jusqu'à ce que vous puissiez de nouveau lire vite sans tension. Si celle-ci ne disparaît pas, je vous conseille de lire quelques lignes en fixant les syllabes l'une après l'autre. Au bout de 2 minutes, vous serez de nouveau calme intérieurement.

8. **Lire sans différencier**

La plupart des gens n'adaptent pas leur vitesse de lecture à ce qu'ils lisent. Ils lisent au même rythme une communication scientifique, un roman ou les derniers résultats sportifs du journal. Le degré de difficulté d'un texte devrait déterminer votre vitesse de lecture ; cela signifie que vous lirez vite un texte facile, et plus lentement un texte difficile parce que l'assimilation d'une problématique complexe prend plus de temps que la lecture de la rubrique des mondanités.

Ce que vous lisez détermine votre vitesse de lecture

Suivant la forme et le degré de difficulté d'un texte, on adopte différentes techniques de lecture.

— *La lecture orientée*

Cette technique de lecture sert à survoler un texte et à ne porter son attention que sur certaines affirmations ou certains enchaînements. Nous essayons de cette manière de trouver les passages importants d'un livre, nous contrôlons l'utilité d'un texte en fonction de notre objectif, ou nous essayons de découvrir le sujet traité. Cette technique a l'avantage d'épargner à notre mémoire des connaissances inutiles et de n'assimiler que ce qui en vaut vraiment la peine. La lecture orientée nous permet de survoler jusqu'à 250 mots par minute.

— *La lecture normale*

En lisant normalement, nous pouvons enregistrer jusqu'à 180 mots par minute. A cette vitesse, il est possible d'assimiler un texte en détails, tant que des calculs, des formules mathématiques ou scientifiques, des problèmes techniques n'apparaissent pas.

— *La lecture attentive*

En lisant attentivement, nous percevons jusqu'à 100 mots à la minute. On lit à cette vitesse des livres traitant de sujets en profondeur. Même si vous lisez un livre dans une langue étrangère, vous devez vous maintenir à ce rythme. On lit toujours un texte soigneusement lorsqu'il s'agit d'assimiler quelque chose de nouveau.

— *La lecture intensive*

Ce rythme est indiqué si vous lisez des textes scientifiques ou si vous vous attaquez à des problèmes mathématiques, juridiques ou philosophiques. Cette vitesse correspond à 20 mots par minute.

Doublez votre vitesse de lecture en une semaine

Dès que vous serez entraîné et libéré des handicaps que j'ai nommés, vous serez capable de lire un texte normal à la vitesse de 500 à 700 mots à la minute.

Un lecteur non exercé arrive à lire seulement entre 100 et 150 mots par minute.

En l'espace de deux heures seulement, si vous vous entraînez intensivement, vous pouvez doubler votre vitesse de lecture. Vous pouvez aussi répartir ce programme sur une semaine à raison de 15 minutes d'exercice par jour.

RÉSUMÉ

1) Vous pouvez doubler votre vitesse de lecture en deux heures en vous libérant de la plus mauvaise habitude : murmurer le texte que vous lisez.

2) Vous pouvez tripler votre vitesse de lecture en trois mois si vous vous libérez de tous les autres handicaps et si vous entraînez votre vue périphérique.

3) La lecture rapide augmente la faculté de se concentrer, renforce la capacité d'interpréter et améliore la mémoire.

4) En utilisant la technique de la vue périphérique, on peut lire un livre de 200 pages en deux heures.

5) Vous pouvez non seulement utiliser le temps que vous gagnez en lisant vite à lire plus, mais aussi à approfondir plus ce que vous lisez.

6) Revoyez mentalement le contenu d'un chapitre après l'avoir lu.

7) Voici les mauvaises habitudes nuisant à une lecture rapide : épeler, lire mot à mot, murmurer simultanément, suivre les lignes avec un objet, revenir en arrière, fixer fréquemment, lire à la hâte, lire sans différencier.

8) On distingue 4 vitesses de lecture : la lecture orientée, environ 250 mots à la minute ; la lecture normale, environ 180 mots à la minute ; la lecture attentive, jusqu'à 100 mots à la minute, et la lecture intensive, jusqu'à 20 mots à la minute.

9) Dès que vous vous êtes libéré de tous les handicaps, vous pouvez lire entre 500 et 700 mots à la minute.

CHAPITRE XI

APPRENDRE EN DORMANT

C'est en 1936 que l'on parle pour la première fois de cette méthode. En effet, la presse relate qu'une comédienne hollywoodienne a appris son rôle en dormant. Bientôt imitée en peu de temps, les instituts adeptes de cette méthode se multiplient.

Les résultats sont si sensationnels et encourageants, que les scientifiques prophétisent déjà une nouvelle ère de l'apprentissage. Au bout de quelques temps, cependant, des effets secondaires désagréables se manifestent chez les sujets observés. Ils apprennent effectivement pendant leur sommeil, mais ils sont, au cours de leurs activités, si nerveux et irritables, qu'ils doivent interrompre cette forme d'apprentissage. Ceux qui étaient prêts à accepter ces effets secondaires, obtenaient des résultats remarquables.

Les services secrets américains instruisirent leurs agents ainsi, au cours de la deuxième guerre mondiale. Ils apprenaient de cette façon les dialectes et les coutumes de leur lieu de mission, ainsi que leur curriculum vitae fictif. Les succès obtenus démontrèrent l'efficacité de cette méthode. Des obèses maigrirent grâce aux suggestions appropriées dispensées pendant leur sommeil. Un petit garçon apprit par cœur en une nuit un poème de quatre pages. Un présentateur très connu de la télévision apprit même en l'espace de 10 nuits le chinois littéraire, le plus difficile qui soit, assez bien. A la fin de cette expérience il put s'entretenir couramment au cours d'un show télévisé, avec le consul chinois, dans la langue de celui-ci. On peut également délivrer certains enfants de leur incontinence nocturne à l'aide de suggestions, pendant leur sommeil. L'expérience démontre que dans 70 à 80 % des cas, trois nuits seulement sont nécessaires. Comment pouvons-nous l'expliquer ?

Les principes de la suggestion à l'état de sommeil

A la suite de longues années d'expérience, trois constatations de base virent le jour :

1. La communication de connaissances est possible pendant le sommeil.

2. Il est également possible dans cet état, d'influencer massivement les émotions.

3. Le degré de relaxation du sujet endormi détermine la réceptivité de l'inconscient à des connaissances, ou des suggestions influant sur les émotions.

La technique de l'apprentissage, en dormant, est simple si l'on respecte les points suivants :

— Ne vous attendez pas à quelque chose de spécial et dormez aussi détendu que possible. La réceptivité de l'inconscient atteint son maximum lorsque nous sommes parfaitement détendus.

— Évitez les tensions provoquées par l'attente d'un événement particulier. C'est le cas lorsque vous êtes curieux et que vous espérez de trop.

Il est pour cette raison profitable de commencer par bien connaître cette méthode. Par exemple, donnez-vous d'abord des suggestions destinées à renforcer votre motivation et votre joie à apprendre et laissez ces « chuchotements » agir la nuit une à deux semaines. Limitez-vous à ces sugestions jusqu'à ce que vous dormiez profondément, décontracté. L'ingestion de préparations vitaminées contenant les vitamines B1, B6 et B12 pour les nerfs, s'est révélée efficace pour les personnes nerveuses. Ces vitamines neurotropes sont, par exemple, contenues dans Neurotrat Forte.

Comment vous devez procéder

Dans la pratique, procédez de la manière suivante : Programmez votre magnétophone, s'il est programmable, ou utilisez une prise spéciale à minuterie incorporée, pour qu'il se mette en route automatiquement à peu près 10 minutes après que vous vous soyez endormi et qu'il fonctionne une à deux heures d'affilée. Procurez-vous une cassette spéciale sans fin dans un magasin.

La phase Alpha de notre sommeil, est la meilleure phase pour apprendre. Pendant celle-ci les ondes cérébrales ont une amplitude comprise entre 7 et 14 hertz. Dans des conditions idéales, leur fréquence doit être de deux ondes par seconde. Nous savons que l'homme se trouve au moins quatre fois par nuit en alpha, mais l'intervalle qui sépare ces phases n'a pas encore été trouvé. Par contre il est sûr qu'une de ces phases commence 10 à 15 minutes après le début du sommeil et une autre, peu avant notre réveil spontané.

Donc les phases situées peu après l'endormissement et, peu avant le réveil, sont les mieux adaptées aux suggestions pendant le sommeil. La durée de ces périodes alpha ne se laisse pas encore prévoir avec exactitude. Elles peuvent durer de 3 à 50 minutes.

Vous devez, au moins au début, éviter les boissons alcoolisées lorsque vous apprenez en dormant. Elles réduisent considérablement la capacité d'apprendre. Vous pouvez, malgré tout, boire pendant la journée, au cours des repas par exemple un verre de bière ou de vin mais, si possible, pas plus.

Au début de l'application de cette technique, les passages parlés de la cassette ne doivent être ni inférieurs à trois minutes, ni supérieurs à dix minutes. Avec de l'exercice, nous pourrons augmenter progressivement leur durée pour atteindre 30 minutes ; mais vous devez avoir déjà obtenu de bons résultats avec des textes courts. Il est conseillé de passer le même texte trois nuits consécutives, il est possible que vous ne soyez pas suffisamment longtemps en alpha et qu'une partie du texte ait été enregistrée seulement pendant une nuit.

La motivation pendant le sommeil

Pour éliminer ou éviter l'apparition d'un manque général d'envie d'apprendre, vous pouvez, au début de votre travail de suggestion pendant le sommeil, passer une cassette de pure motivation. Dans le cas où vos résistances seraient particulièrement tenaces, il est aussi possible de commencer toutes les cassettes par une suggestion appropriée. Elle pourrait être formulée comme suit :

« J'éprouve une grande joie à apprendre. Je suis tout à fait détendu et j'assimile le texte parfaitement. Je me souviens très bien de tout ce que j'apprends au moment voulu et suis satisfait de mes progrès. Je conduis le programme que je me suis fixé jusqu'à sa totale réalisation et ne me laisse pas m'en détourner. Je suis très content d'apprendre facilement et vite de cette manière et je me sens bien. »

Vous ne devez naturellement pas vous servir de ce texte tel quel, mais le formuler avec vos propres mots et l'adapter à vos besoins. L'inconscient fait la distinction entre les formulations personnelles et étrangères et acceptera beaucoup plus facilement les vôtres.

Le professeur de psychologie à Harvard, Boris Sidis, a donné des suggestions à son fils pendant son sommeil. Le but de cette expérience était de découvrir dans quelle mesure on pouvait accélérer le processus de l'éducation, de cette manière. Au propre étonnement de Sidis, son fils pouvait apprendre, non seulement, beaucoup plus vite mais également sans aucun effort. A trois ans Billy tapait à la machine, à quatre ans, il lisait et comprenait des manuels. Après avoir terminé le programme de base de l'école primaire à sept ans, il ne lui fallut que cinq-mois supplémentaires pour maîtriser le reste du programme qui s'étend normalement sur 8 ans. Il apprit à 8 ans en six semaines, le programme secondaire et à 11 ans il obtenait une invitation à tenir des conférences à l'université de Harvard. Il faisait, entre autres, part de son désaccord avec la théorie de la relativité de Einstein.

Même si vous ne voulez pas devenir un génie, vous pouvez tirer profit, vous aussi, de cette méthode. Les variantes suivantes que je vous propose renforcent, sans installation spéciale, la mémorisation et la faculté d'apprendre.

Apprendre avant de vous endormir

Beaucoup de gens savent, grâce à leurs propres expériences, qu'ils apprennent vite et bien, dans leur lit, le soir avant de s'endormir. La science a, entre temps, confirmé la justesse de ces observations individuelles. Lorsque nous apprenons quelque chose dans la journée et que nous vaquons, par la suite, à nos occupations, nous retenons seulement 9 % de ce que nous avons appris. Si nous apprenons par contre avant de nous endormir, nous en retenons 56 %. Ces bons résultats ne sont possibles que si vous ne vous forcez pas à rester éveillé et que vous vous endormez dès que vos yeux commencent à se fermer tout seul.

Ce n'est pas seulement vrai pour le soir. Vous pouvez vous attendre aux mêmes résultats si vous faites un petit somme au cours de la journée. La durée de votre sommeil ne joue aucun rôle et les résultats sont encore satisfaisants si vous vous allongez seulement au bout d'un certains temps et non immédiatement après avoir appris. Des expériences effectuées à l'université du Colorado sont venues vérifier cette affirmation. Ils ont, d'autre part, constaté que de dormir avant d'apprendre, diminuait le rendement d'un apprentissage. Moins les sujets dormaient et plus leur rendement diminuait. Cet effet négatif disparaît à environ une heure après le réveil.

Si vous voulez profiter de ces découvertes, vous devriez prendre l'habitude d'apprendre avant de vous coucher ou de dormir un peu après avoir appris quelque chose.

L'apprentissage combiné

Si vous devez apprendre énormément en peu de temps, vous devriez appliquer la technique suivante :

1. Apprendre avant de vous endormir, c'est-à-dire jusqu'à ce que vos yeux se ferment d'eux-mêmes.

2. Apprendre en dormant, en utilisant la technique de suggestion pendant le sommeil décrite plus haut.

RÉSUMÉ

1) L'apprentissage, pendant le sommeil, rend nerveux au bout de 2 à 3 semaines. Les résultats obtenus sont remarquables si l'on est prêt à accepter ces effets secondaires. Une préparation comme Neurotrat, par exemple, peut réduire cette nervosité.

2) 70 à 80 % des enfants incontinents sont délivrés de ce problème à l'aide de suggestions adéquates, dispensées pendant leur sommeil, 2 ou 3 nuits consécutives.

3) Nous ne sommes pas seulement réceptifs à des informations pendant notre sommeil, mais également à des suggestions pour modifier notre comportement. Qu'une tierce personne nous les donne ou que nous le fassions nous-même, leur effet demeure identique.

4) Vous vous crispez uniquement si vous souhaitez obtenir absolument des résultats rapides. Il est beaucoup plus profitable de ne vous donner que des suggestions renforçant votre motivation et destinées à améliorer votre aptitude à apprendre, le temps de vous habituer à cette méthode, c'est-à-dire au moins pendant une semaine.

5) La phase de notre sommeil la plus propice à l'apprentissage est lorsque nous nous trouvons en alpha. A ce moment l'amplitude de nos ondes cérébrales est comprise entre 7 et 14 Hertz ; des ondes de 10 Hertz et demi sont optimales.

6) Les textes doivent, au début, avoir une durée minimum de 3 minutes et maximum de 10 minutes et être écoutés trois nuits consécutives.

7) Lorsque vous apprenez en dormant, vous devez éviter de boire de l'alcool en cours de journée, ou au moins éviter les boissons alcoolisées, passé le repas de midi.

8) On peut notablement renforcer notre motivation à apprendre en passant, la nuit, des suggestions appropriées.

9) Nous retenons 9 % de ce que nous avons lu une fois au cours de la journée, mais 56 % de ce que nous lisons avant de nous endormir.

10) L'utilisation d'une méthode d'apprentissage combinée donne les meilleurs résultats. On lit le texte en question une fois le soir, avant de s'endormir, on laisse le texte enregistré sur une cassette passer une ou plusieurs fois au cours de la nuit, puis on le relit au moins une heure après s'être réveillé. Cela suffit, en général, pour maîtriser un sujet.

11) L'apprentissage en relaxation profonde, méthode voisine de celle que je viens de citer, est aussi très efficace. Il s'agit, en se concentrant, de détendre l'une après l'autre toutes les parties du corps. Nous sommes particulièrement réceptifs lorsque nous avons atteint une relaxation corporelle très profonde de cette manière *.

* On peut se procurer la « Méthode Alpha » auprès de C. Godefroy, auteur-éditeur, B.P. 6, 27760 La Ferrière-sur-Risle.

CHAPITRE XII

APPRENDRE EN ÉTAT D'HYPNOSE : HÉTÉRO OU AUTOHYPNOSE

Qui sait déjà que nous possédons tous une mémoire universelle qui se souvient, ne serait-ce que du plus petit détail. Rien de ce qui a été une fois enregistré ne se perd. Il est facile de le prouver grâce à l'hypnose.

J'ai eu ainsi un patient qui, avant de venir en Allemagne avec ses parents, vécut jusqu'à l'âge de 3 ans en Afrique. A l'état éveillé il était incapable de parler l'afrika, alors qu'enfant il maîtrisait déjà bien cette langue.

Sous hypnose pourtant, il le parla aussi bien qu'autrefois, comme si 50 ans ne s'étaient pas écoulés depuis son départ d'Afrique.

Au cours d'une autre expérience, je fis remonter un patient dans le temps jusqu'à sa petite enfance. Il revécut, dans tous ses détails, une excursion qu'il avait effectuée avec ses parents, dans un endroit très touristique de ce qui est devenu depuis l'Allemagne de l'Est. Il n'y était jamais retourné. Bien qu'âgé seulement de 2 ans à cette époque, il se « souvenait du nombre de marches de l'escalier qu'il avait gravi pour atteindre le sommet d'une tour qui se trouvait là. Cela me parut quand même étonnant, car enfin à cette époque, il ne pouvait pas compter. Il n'arrêta pas, lui non plus, d'y penser et résolu de retourner vérifier l'exactitude de ces dires dans son pays d'origine. Rien n'avait changé, la tour était toujours debout et à sa grande surprise, il s'aperçut que l'escalier avait effectivement 34 marches, comme il l'avait dit sous hypnose des mois auparavant. L'explication est simple. Il avait, enfant, enregistré le nombre de pas que son père à son côté avait fait, pour gravir l'escalier. Plus tard, il avait appris que ce nombre avait un nom : 34, et pouvait donc, pour cette raison, le citer correctement. J'ai pu constater que lorsqu'une personne revient en arrière dans le temps, elle a de nouveau le même niveau de conscience qu'autrefois. L'hypnotisé fait les mêmes fautes d'orthographe qu'à cette époque de sa vie, son écriture reprend un caractère infantile, et même le fait d'écrire demande de nouveau plus de temps.

Nous pouvons partir du principe que notre mémoire, non seulement sous hypnose, mais également dans tous nos autres états de conscience, enregistre tout ce que nous percevons. Cela nécessite aucun effort. C'est pour cette raison que notre inconscient se rebelle quand nous nous efforçons de « bûcher ». Notre inconscient a déjà tout enregistré dès la première étude et chaque révision est fatigante et ennuyeuse, nous avons justement le sentiment qu'apprendre est difficile et éprouvant parce que nous peinons sur ces révisions.

Il s'agit de se rappeler de ce que nous avons enregistré

Ce n'est pas l'assimilation des informations en tant que telle qui est décisive, cela se fait, de toute façon, automatiquement et sans effort, mais le training de la capacité de reproduction. Il est seulement important de pouvoir se souvenir à tout moment, sans peine, de ce qui a été mémorisé. Cela peut être très simple si nous nous entraînons correctement, ce qui signifie se représenter, dès la première fois, l'information visuellement, donc voir mentalement la signification pratique d'une information sous une forme plastique. Le langage de l'inconscient est formé d'images, comme nous l'avons déjà vu, et quand on traduit le contenu d'une information dans ce langage, il peut le percevoir tout de suite sous cette forme imagée.

Quand on prend l'habitude de traiter des « données » de cette manière, on s'aperçoit que les révisions deviennent superflues, et que nous nous souvenons à tout moment de ces données. Mais le plus important, c'est qu'il est agréable d'apprendre dans ces conditions.

Il est inutile de bûcher

Mais revenons à l'hypnose et à une expérience intéressante. Il y a 3 ans, deux étudiants participèrent à mon séminaire « L'hypnose et ses applications ». Ils me dirent, par la suite, qu'ils avaient été plus particulièrement intéressés par les utilisations de l'hypnose dans l'apprentissage. Ils formèrent, avec quelques autres, un groupe de travail, « Apprendre sous hypnose » et contrôlèrent les possibilités réalisables. Une partie du groupe reçut, chaque matin, la suggestion suivante :

« Aujourd'hui j'apprends facilement. Ma mémoire fonctionne parfaitement. Dans une situation d'examen, je suis calme, détendu et je donne les bonnes réponses. Mon rendement s'améliore de jour en jour et j'éprouve du plaisir à apprendre. »

Les autres membres du groupe se suggérèrent des choses analogues, sous autohypnose. Ils avaient convenu avec leur inconscient à l'aide de suggestions, qu'il suffisait qu'ils ferment les yeux et décomptent de 10 à 1 pour se retrouver sous hypnose et de suivre strictement l'ordre qu'ils se donnaient dans cet état de conscience.

Ils ont tous réussis leurs études, bien que deux d'entre eux avaient, avant cette expérience envisagés faute de résultats suffisants, d'abandonner leurs études. Ils reconnaissaient tous que l'hypnose leur a été une aide précieuse et les a considérablement avantagés, que cela leur a, d'autre part, procuré un grand plaisir d'apprendre. Les deux étudiants qui avaient songés à abandonner leurs études, décidèrent de prendre comme sujet de leur thèse : « L'apprentissage sous hypnose. »

L'apprentissage ne nécessite plus d'efforts

Les Russes sont beaucoup plus avancés dans ce domaine que nous, même si leurs études comportent d'autres points forts que les nôtres. Je citerai ici les travaux du docteur Vladimir Leonidovitch Raikov, qui est certainement le chercheur le plus important dans le domaine de l'hypnose. Il hypnotise des élèves et leur suggère qu'ils sont des peintres, des scientifiques ou des musiciens célèbres, et ceux-ci développent ainsi des capacités très rapidement, alors qu'autrement ils ne le pourraient pas ou, à la suite de beaucoup de travail. Lorsque ces élèves sortent de leur hypnose, une partie de ces facultés demeure. Des peintures exécutées de cette façon peuvent être, sans crainte, comparées à des œuvres célèbres.

Le docteur Raikov a obtenu des résultats similaires avec des musiciens. Dans ce cas, l'élève écoute un disque joué par un modèle et il lui est suggéré, sous hypnose, qu'il a lui-même interprété ce morceau. Puis, l'élève s'installe à son instrument et doit jouer le morceau en question. En général, au bout de peu de temps, il l'interprète de mémoire absolument comme le ferait un maître.

Cela peut aussi être utile en cas de trac ou de résultats scolaires, universitaires insuffisants. Le grand Rachmaninov fut, de cette manière, libéré de son trac. Une fois le docteur Raikov a laissé un étudiant sans expérience jouer aux échecs contre Michael Tal, ancien champion du monde, l'étudiant a, bien sûr, été battu à plates coutures en quelques minutes. Puis sous hypnose, Raikov suggéra à l'étudiant qu'il était Paul Murphy, champion d'échecs décédé, l'étudiant joua brillamment au cours des trois parties suivantes et réussit même à obtenir un « remis » à la fin de la troisième partie.

Des étudiants qui faisaient des erreurs de calcul dans des opérations compliquées pouvaient, sous hypnose, effectuer des calculs semblables non seulement deux fois plus vite mais aussi sans faute.

Nous pouvons en conclure, pour ce qui nous concerne, que l'hypnose est un bon moyen pour faciliter l'apprentissage mais surtout pour intensifier la joie que nous éprouvons à apprendre. L'exemple déjà cité des étudiants le démontre clairement.

Ils pouvaient même, à l'aide d'un système, se donner, sous hypnose, la suggestion suivante : « A chaque fois que je presse mon pouce, mon majeur et l'index de ma main gauche, ma perception devient optimale et je me souviens parfaitement de tout ce que j'entends, dès que j'en ai besoin. Je me concentre exclusivement sur ce que j'écoute et ne me laisse pas distraire. Mon travail s'améliore à chaque fois. »

A l'aide de ces trucs, ils pouvaient s'abstenir d'être en permanence en hypnose et obtenaient le même résultat en se pressant seulement les doigts, les uns contre les autres.

Mais l'hypnose permet aussi d'améliorer la confiance en soi, renforcer la motivation et supprimer des blocages nuisibles à l'apprentissage. Les suggestions appropriées stimulent les capacités d'apprendre et de mémoriser, augmentent la joie d'apprendre et donc le rendement s'en trouve amélioré.

RÉSUMÉ

1) Tout le monde dispose d'une mémoire universelle. Ce qui a été enregistré, ne peut plus jamais être oublié. Nous devons seulement apprendre à nous souvenir de ce que nous avons assimilé.

2) Le plus important dans un apprentissage, ce n'est pas l'assimilation d'informations, mais la capacité de reproduction. Il faut pouvoir se souvenir de « données » à tout moment.

3) Le langage de l'inconscient est formé d'images, nous devons donc, automatiquement, traduire tous les contenus d'un enseignement en images. L'inconscient pourra les traiter plus facilement et il est beaucoup plus agréable d'apprendre de cette façon.

4) L'autohypnose agit de la même manière que l'hétérohypnose. L'expérience a démontré que même des étudiants qui avaient, au départ, des résultats médiocres, pouvaient grâce à cette aide réussir leurs études.

5) Sous la direction du docteur Raikov, des groupes entiers d'écoliers sont mis sous hypnose. On leur suggère qu'ils sont des peintres, des scientifiques ou des musiciens célèbres. Des talents cachés sont ainsi révélés et au bout de seulement trois mois les écoliers font des performances dans le domaine en question.

6) Le trac et la peur des examens peuvent, aussi, être supprimés à l'aide de l'autohypnose ou l'hétérohypnose.

7) La joie que l'on éprouve à apprendre peut être considérablement renforcée, à l'aide de suggestions adéquates sous hypnose.

8) On peut convenir d'un signal avec notre inconscient. Dès que celui-ci est donné, comme prévu, l'inconscient réagit automatiquement. Si le signal signifie par exemple, assimiler maintenant de manière optimale, l'inconscient enregistre toutes les informations qui l'atteignent en conséquence.

9) L'hypnose est également une aide précieuse si, comme c'est souvent le cas de nos jours, l'envie d'apprendre n'est pas au rendez-vous. On voudrait bien être capable de faire quelque

chose, mais on est souvent, pas prêt à faire les efforts nécessaires pour y arriver.

A l'aide de l'hypnose nous pouvons non seulement renforcer la motivation, mais aussi notre mémorisation, notre capacité d'apprendre et nous améliorons ainsi notre rendement.

CHAPITRE XIII

APPRENDRE PENDANT LA PHASE THÉTA

Découvrez votre phase créative

Nous nous trouvons tous, peu de temps après nous être endormis et juste avant notre réveil, dans un état intermédiaire entre le rêve et l'éveil. Beaucoup de scientifiques et d'artistes ont relaté qu'ils étaient particulièrement créatifs pendant cet instant de rêve éveillé. Toute une série d'œuvres et de découvertes scientifiques doivent leur existence à cette phase très créative qui se répète deux fois chaque jour. Malheureusement lorsque nous nous faisons réveiller (à l'aide d'une sonnerie, par exemple), nous sautons cette phase et nous nous privons de tous les avantages qu'elle apporte. Nous pourrions, pourtant, l'utiliser entre autres choses, pour résoudre des problèmes qui paraissent insolubles, sans efforts.

Des chercheurs de la faculté de médecine du Colorado et de l'institut de biofeedback de Denver se sont intéressés à cet état de conscience et ont constaté qu'il permettait d'apprendre de manière remarquable. Des indices tendent à prouver que pendant cette phase, la moitié gauche du cerveau, celle qui travaille logiquement ct domine, relâche, et même abandonne son contrôle sur la moitié droite du cerveau qui travaille, elle, plus intuitivement et émotionnellement. Des obstacles et des blocages dus à des pensées de l'intellect disparaissent d'eux-mêmes et la voie est libre pour de nouvelles solutions.

S'entraîner à l'aide d'un appareil de biofeedback

Les chercheurs, que j'ai déjà cités, ont cherché un moyen d'atteindre cet état de conscience, indépendamment du sommeil. Nous savons depuis longtemps, que les yogis y arrivent très vite en méditant, et peuvent rester dans cet état de conscience pendant des heures. Mais le commun des mortels en est-il aussi capable ? Peut-il rester en théta suffisamment longtemps pour en utiliser les fantastiques possibilités ?

La réponse à ces questions a surpris même les chercheurs les plus objectifs. Il est presque possible à tout le monde de se mettre en théta et de maintenir cet état de conscience, à la suite d'un peu d'entraînement. Un appareil de biofeedback rend cela possible. Cet appareil mesure la fréquence et l'amplitude des ondes cérébrales et la personne qui médite, peut lire ces informations sur un tableau d'affichage. Elle peut, de cette façon, contrôler la qualité de ses pensées et découvrir lesquelles lui permettent d'atteindre l'état désiré rapidement, et finalement à le prolonger.

Il est possible que de penser aux dernières vacances ou à son enfance, ou encore à certains événements précis de sa vie passée aide à se mettre en théta, dès que cela est le cas, l'appareile de biofeedback le signale avec précision. Cette capacité optimale d'apprentissage existe seulement pendant les phases théta. Au cours de cette phase, les ondes cérébrales ont une fréquence de 4 à 7 oscillations par seconde. On peut déjà apprendre nettement mieux en Alpha (7 à 14 oscillations par seconde) mais les textes doivent être répétés plusieurs fois pour que l'on soit certain de les avoir assimilés. En théta, par contre, souvent une seule écoute suffit déjà. Cette méthode permet de faire passer des informations directement dans l'inconscient, sans qu'elles soient contrôlées par les instances de l'intellect.

Comment les machines à apprendre fonctionnent

Pour vous faciliter le plus possible les choses, j'ai conçu une « machine à apprendre » qui vous permet de vous concentrer sur ce que vous devez apprendre en vous évitant toute intervention manuelle. Il s'agit d'un appareil de biofeedback avec une minicassette incorporée qui diffuse le programme que vous avez sélectionné à l'aide d'écouteurs. On commence par mettre l'électrode à trois points, on la relie à l'appareil de biofeedback, puis on met en route une cassette pour s'entraîner tout d'abord à se mettre en théta rapidement puis à y rester. Ceux qui ont déjà pratiqué le yoga ou la méditation, en seront capables généralement au bout de quelques jours, souvent dès la première fois. Pour que nous ne soyons pas obligés de mettre la cassette en marche dès que nous nous trouvons en théta et de l'arrêter dès que nous retombons en alpha, cela s'effectue automatiquement. De cette manière vous pouvez être absolument certains d'assimiler votre programme au cours d'une phase théta, indépendamment de sa longueur.

La majorité d'entre nous peut très vite apprendre à prolonger ces phases théta et, à la suite d'un peu d'entraînement, à les faire durer le temps voulu. La musique que le docteur Losanov conseille, est une aide précieuse pour nous maintenir dans cet état, une fois que nous l'avons atteint. (Vous trouverez tous les détails à ce sujet au chapitre 17.)

Les grands avantages de cette forme d'apprentissage sont qu'elle ne nous rend pas nerveux, que nous pouvons fixer, sans restriction, l'heure et la durée de son exercice, et que nous pouvons utiliser tous les programmes d'enseignement en vente dans le commerce, sans avoir à y changer quoique ce soit. Grâce à cet appareil de biofeedback spécialement conçu à cet effet, il est pratiquement possible à tout le monde, au bout d'un peu d'exercice, de se mettre à volonté en théta et d'y rester aussi longtemps qu'on le souhaite. Cette méthode réunit toutes les conditions qui rendent un apprentissage agréable et elle détend.

Elle est l'objet d'études de plusieurs institutions scientifiques, nous pouvons donc, prochainement, compter sur de nouvelles découvertes et son amélioration. Si j'en parle déjà aujourd'hui, c'est parce que je sais qu'elle pourrait devenir la meilleure des méthodes. Je souhaite vous faire déjà profiter de ses avantages, même si les scientifiques travaillent encore activement à son perfectionnement.

Apprendre des textes passés en accéléré en les laissant décoder par notre cerveau

Je vais parler ici, de la seule méthode que l'on ne peut pas apprendre, du moins, nous n'en avons pas encore trouvé la possibilité, ni développer, si un sujet ne dispose pas de cette faculté naturellement. Il s'agit de la capacité d'assimiler des textes enregistrés et qui sont passés à une vitesse, de beaucoup, supérieure à celle qui permet une écoute normale. Il est impossible de comprendre à l'audition ce dont il s'agit, on a l'impression d'entendre une bobine de film passée en accéléré. Le cerveau enregistre les sons et les décrypte.

Plus de gens, qu'on ne pourrait le croire, disposent de cette faculté. Lorsque les chercheurs américains découvrirent, par hasard, cette disposition chez quelqu'un, ils pensèrent tout d'abord qu'il s'agissait d'un caprice de la nature, d'un cas unique. Des contrôles effectués sur des étudiants démontrèrent qu'en fait 12 % des individus testés avaient cette faculté plus ou moins développée.

Testez-vous pour savoir si vous possédez vous aussi cette faculté

De là à tester s'il était possible, non seulement, de comprendre mais aussi d'apprendre des textes passés en accéléré, il n'y avait qu'un pas et la pratique a démontré que c'est effectivement possible. Vous pouvez, vous aussi, savoir facilement si vous disposez de cette faculté.

Vous prenez une bande dont le contenu vous est inconnu et vous le passez en accéléré. Vous pouvez, au plus, multiplier la vitesse nécessaire à une écoute normale par 10, c'est-à-dire que s'il s'agit d'un enregistrement fait à raison de 3,50 m de bande à la minute, vous pouvez passer cette bande à raison de 35 mètres à la minute. La majorité des gens capables de décrypter des textes de ce genre, comprennent bien des textes passés 6 fois plus vite que la normale, par contre, peu d'entre eux comprennent encore des textes passés 10 fois plus vite que la normale.

Cette méthode serait naturellement beaucoup plus intéressante s'il était possible de l'acquérir à la suite d'un training adéquate. Mais même dans le cas présent, elle concerne une minorité d'entre nous et doit donc être citée ici ; car celui qui en dispose, peut la combiner avec une autre méthode et en un laps de temps plus court, assimiler beaucoup plus d'informations.

RÉSUMÉ

1) Nous passons tous par des phases théta au cours de notre sommeil. En théta, il suffit généralement d'une seule écoute d'un texte pour l'assimiler.

2) A l'aide d'un appareil de biofeedback, on peut s'entraîner à se mettre en théta de façon systématique et à y rester le temps voulu. On peut, de cette manière, l'utiliser pour apprendre ou résoudre des problèmes au cours de la journée.

3) Il existe maintenant un appareil de biofeedback qui met automatiquement en route la cassette contenant le programme choisi, dès que les ondes cérébrales émises atteignent la bonne fréquence (entre 4 et 7 Hertz). Les informations sont ainsi diffusées uniquement lorsque la personne se trouve dans un état permettant la meilleure et la plus rapide des assimilations. Ces données atteignent l'inconscient directement.

4) Tous les programmes habituels d'apprentissage peuvent être utilisés, cependant, un appareil de biofeedback est nécessaire et on doit s'entraîner à se mettre en théta et maintenir ces phases suffisamment longtemps. L'assimilation s'effectue automatiquement.

5) Cette méthode d'apprentissage est l'objet de plusieurs études détaillées et toutes les questions qui s'y rapportent n'ont pas encore été résolues. L'état des connaissances actuelles est déjà suffisant pour permettre son utilisation.

6) Vérifiez si vous disposez, vous aussi, de la faculté de décrypter des textes enregistrés, passés à une vitesse de beaucoup supérieure à la normale. Si c'est là cas, vous pouvez en tirer profit, dans le cas contraire, on ne peut pas l'apprendre.

CHAPITRE XIV

APPRENDRE EN SURCHARGEANT

Les chercheurs ont fait de nouvelles découvertes fondamentales, concernant le fonctionnement des deux hémisphères du cerveau. La recherche dans le domaine de la latéralisation du cerveau est encore relativement récente. Une de ces découvertes est à l'origine d'une toute nouvelle forme d'apprentissage.

Le centre actif du langage

On a découvert que l'hémisphère gauche du cerveau code les informations qui arrivent, sous une forme verbale et par étapes analytiques successives en tire des conclusions. Cet hémisphère domine chez presque tous les droitiers et chez 70 % des gauchers. C'est le siège de l'entendement et de la conscience. C'est là que toutes les activités que nous imputons ordinairement à notre conscience sont contrôlées. C'est également là que le centre actif du langage s'est fixé et qui est à l'origine de la production de l'activité verbale et la contrôle. Ce centre enregistre des signes, c'est-à-dire des lettres, donc des mots.

Le côté des émotions

Le côté droit du cerveau lui, par contre, reçoit et transforme des stimulations acoustiques et des impressions d'ordre émotionnel. Il est spécialisé dans les relations d'espace. Il tire des conclusions à partir d'informations non verbales, travaille à l'aide de l'intuition et d'images, le langage de l'inconscient. Il essaie donc, en une sorte de synthèse, de former un tout des informations en présence ou plutôt de trouver un sens au rapport de cet ensemble.

Quel côté domine

Les deux moitiés du cerveaux enregistrent, en gros, les mêmes données, les transforment et les analysent d'une manière tout à fait différente et leurs résultats ne sont pas non plus du tout congruents. C'est comme si deux programmes différents d'ordinateurs fonctionnaient l'un à côté de l'autre et que nous pouvions choisir la meilleure des deux alternatives offertes. Il est possible que ces deux solutions éventuelles, entrent en collision. Dans ce cas le côté gauche sort en général vainqueur ; mais il reste à savoir ce qu'il advient de la deuxième possibilité de solution inutilisée. Effectivement, l'hémisphère droit du cerveau a été chargé d'une certaine énergie et a donc tendance à vouloir s'en décharger. Celui qui connaît ce conflit inconscient peut concentrer son engagement émotionnel sur la solution qu'il a adopté et ainsi, éviter une collision des deux solutions éventuelles.

C'est dans la majorité des cas un processus inconscient, et seulement peu de gens passent tout à fait consciemment en revue les événements de la journée qui vient de s'écouler par souci d'hygiène psychologique. Au cours d'un tel processus, on contrôle si l'on a investi son énergie correctement.

Les découvertes sensationnelles de deux prix Nobels

On doit pour une grande part ces nouvelles découvertes aux prix Nobels de médecine et de physiologie de l'année 1981, les deux Américains Roger Sperry et David Hubel, ainsi que le Suédois Thorsten Wiesel.

Sperry apporta, entre autres, la preuve que chaque hémisphère de notre cerveau vit en premier lieu, sa propre vie. Il se demanda donc si les deux moitiés du cerveau, qui sont le reflet l'une de l'autre, fonctionnent aussi de manière identique, ce qui voudrait dire que l'homme disposerait de deux cerveaux indépendants ayant chacun une conscience propre. On pouvait seulement en apporter la preuve en neutralisant le corpus callosum, qui les relie. Sperry a déjà dans les années cinquantes expérimenté, sur des animaux, et constaté que chez ces derniers, la majorité des fonctions vitales reste presque inchangée. Ce résultat a incité des chirurgiens à séparer les deux moitiés du cerveau chez des épileptiques graves, et cette opération osée donna des résultats convaincants. Depuis le début des années soixantes, Sperry observa des sujets chez qui les deux moitiés du cerveau avaient été séparées et s'aperçut que chaque moitié constituait une unité en soi. Chaque moitié peut enregistrer et également apprendre. Mais comme elles ne disposent pas de fonctions et de capacités identiques, elles arrivent à des résultats différents. Il en ressorti que la pensée logique était étroitement liée au côté gauche du cerveau, alors que seule la moitié droite du cerveau peut venir à bout de tout ce qui demande de l'intuition. Cette moitié du cerveau ne peut, ni lire, ni écrire mais par contre, elle peut mieux appréhender des structures ou des fonctions ayant trait à l'espace. Elle enregistre et traite aussi les stimulations acoustiques.

Si nous souhaitons que l'hémisphère droit du cerveau traite un matériel verbal, afin d'augmenter l'efficience d'un apprentissage, nous devons tenir compte de ses particularités. Si quelqu'un, par exemple, débite un texte d'un ton monotone, seulement la partie gauche du cerveau se sentira concernée. Dès que ces informations verbales sont communiquées d'un ton plus coloré, ou articulées rythmiquement, la participation de la moitié droite du cerveau augmente considérablement. Le langage de la moitié droite du cerveau n'est pas la logique mais l'intuition et les émotions.

La méthode du professeur Thomas H. Budzynski

Le professeur Thomas H. Budzynski se servit des conclusions des recherches de Sperry pour développer une méthode d'apprentissage nouvelle, qui donne des résultats très prometteurs. Il est ingénieur électricien et psychologue, professeur du département de psychiatrie de la faculté de médecine du Colorado et directeur clinique de l'institut de biofeedback de Denver. Cette nouvelle méthode permet de franchir, sans encombre, les instances de contrôle de l'hémisphère gauche du cerveau grâce à un truc simple. Le côté gauche est simplement occupé par une suite de problèmes dépourvus de sens, et le côté droit du cerveau, qui ne censure pas, ne se sent pas concerné. Puis on a juste besoin de donner les informations, qui lui avaient été réservées, à la moitié droite et leur contenu peut atteindre, sans obstacle, la mémoire où elles seront assimilées et ce qui est beaucoup plus important, nous pourrons nous en souvenir à volonté.

L'étudiant devra répéter, à cet effet, rapidement une série de chiffres arbitraires. Comme son attention est ainsi fixée, il ne peut plus enregistrer, consciemment, d'informations provenant d'une autre source. Cette série de chiffres sera diffusée par l'intermédiaire d'écouteurs stéréophoniques à l'oreille droite, puisque les informations atteignant l'oreille droite sont dirigées vers hémisphère gauche du cerveau, et celles qui sont perçues par l'oreille gauche, l'hémisphère droit. On peut encore renforcer cette action en augmentant un peu le volume du son qui parvient à l'oreille droite pour que, automatiquement, l'attention soit plus captée. Si cette série de chiffres est répétée continuellement, on ne perçoit presque plus, consciemment, d'autres informations.

L'autre oreille, donc la gauche, recevra le programme destiné à l'hémisphère droit du cerveau. Il est, pour cette raison, nécessaire d'utiliser des écouteurs stéréophoniques puisque chaque écouteur doit diffuser un programme différent. Le programme qui atteint l'oreille gauche sera diffusé un peu plus doucement mais doit malgré tout pouvoir être entendu clairement et sans fatigue.

De cette manière on peut, non seulement, apprendre des langues étrangères beaucoup plus vite mais des programmes pour arrêter de fumer ou pour maigrir se feront leur chemin vers l'inconscient. A l'aide de cette méthode nous disposons d'un moyen d'atteindre l'inconscient, à tout moment, en état d'éveil.

Les conditions techniques indispensables

Pour éviter toute incompréhension, voici de nouveau résumée la manière de procéder :

— Vous avez besoin de deux magnétophones et d'écouteurs stéréophoniques. L'oreille droite perçoit une série de problèmes simples, comme par exemple, une série de chiffres arbitraires qui, destinée à l'hémisphère gauche du cerveau, neutralise les instances de censure de notre conscience.

— L'oreille gauche reçoit le programme qui doit être retenu. Le volume de ce son doit pouvoir être clairement et sans fatigue entendu. Ces informations atteignent, sans que nous nous en apercevions, notre inconscient.

Cette méthode est tout à fait indiquée pour des usages psychothérapeutiques, comme par exemple pour programmer de nouveaux comportements ou éliminer des programmes déjà existant ou des blocages. Les possibilités que cette méthode offre sont si divers que nous ne pouvons pas encore les embrasser. Mais il est déjà certain qu'elle est d'une grande aide pour tous ceux qui l'utilisent.

Variations du modèle de base

Nous avons essayé de nous servir de la musique du professeur Losanov ou d'une pièce de théâtre radiophonique, au lieu de ces séries de chiffres arbitraires et avons obtenu de bons résultats. Un seul phénomène est encore inexplicable : le fait qu'une personne, qui obtient ordinairement de bons résultats avec cette méthode, peut connaître un jour pendant lequel sa perception est perturbée. Le lendemain, cependant, tout rentre dans l'ordre. Nous n'avons, pour le moment, trouvé aucune explication à ce phénomène. Je pense malgré tout que cette méthode est destinée à un grand avenir et qu'elle pourrait devenir un des moyens les plus faciles d'apprendre. Toutes les questions concernant cette méthode ne sont pas résolues mais les programmes de recherche avancent et nous obtiendrons, dans un avenir proche, très certainement des réponses satisfaisantes.

Les avantages particuliers de cette méthode

Cette forme d'apprentissage permet d'utiliser tous les programmes habituels d'enseignement et ne nécessite pas un appareillage spécial ou compliqué. Aucun training spécial n'est nécessaire pour arriver à s'en servir et, pour cette raison, il s'avèrera certainement que c'est la plus facile manière d'apprendre.

RÉSUMÉ

1) Nous devons, à l'Américain Roger Sperry, la découverte suivante : les deux hémisphères corticales du cerveau sont porteuses de fonctions fondamentalement différentes et travaillent en même temps mais indépendamment l'une de l'autre. L'hémisphère gauche qui domine chez tous les droitiers et chez 70 % des gauchers, est le siège du centre actif du langage qui régularise et contrôle l'activité verbale. C'est également le siège de l'entendement et de la pensée logique. L'hémisphère gauche contrôle aussi toutes les activités que nous imputons à notre conscience.

Par contre, l'hémisphère droit enregistre et transforme les stimulations acoustiques, les impressions d'ordre émotionnel, les fonctions et les structures ayant trait à l'espace. Elle tire des conclusions à partir d'informations non verbales et travaille à l'aide de l'intuition et d'images, le langage de l'inconscient.

2) On peut neutraliser le contrôle critique de l'hémisphère gauche, grâce à un truc simple : on le surcharge, à l'aide d'une série de problèmes dépourvus de sens, de manière à ce que des informations puissent atteindre, sans encombrer, la mémoire de l'hémisphère droit de notre cerveau.

3) Les informations destinées à l'hémisphère gauche du cerveau sont dirigées par l'intermédiaire de l'oreille droite et l'hémisphère droit reçoit le programme qui lui est destiné par l'intermédiaire de l'oreille gauche. On peut donc diffuser, à l'aide d'écouteurs stéréophoniques, aux deux hémisphères, deux programmes différents simultanément.

4) Le cerveau peut enregistrer, en même temps, deux programmes d'apprentissage différents. Nous diffusons, à cet effet, à l'oreille droite, un programme simple et agréable, destiné à l'hémisphère gauche, et à l'hémisphère droit au moyen de l'oreille gauche, un programme qui pourrait susciter des blocages au cours de son assimilation.

5) On peut utiliser, avec de bons résultats, comme programme « simulé » la musique du docteur Losanov (voir le chapitre XVII).

6) Cela nécessite deux magnétophones et des écouteurs stéréophoniques.

7) Le volume du son, atteignant l'oreille droite, devrait être un peu plus fort que la normale et celui qui est destiné à l'oreille gauche doit être juste suffisamment élevé pour qu'il soit entendu clairement et sans fatigue.

CHAPITRE XV

APPRENDRE EN ENSEIGNANT

C'est ma méthode préférée. Elle est peu indiquée pour l'apprentissage des langues étrangères, mais idéale pour tous les autres domaines, si l'on peut être prêt à assumer le travail qui y est lié. Elle permet d'apprendre, un quelconque sujet, vraiment à fond et je l'emploie depuis des années pour parfaire mes connaissances dans un domaine ou pour apprendre de nouvelles matières. On obtient, de cette manière, une vue d'ensemble si complète, on est si bien informé que l'on peut même surprendre des experts.

En premier lieu acquérir les connaissances

Le principe de cette méthode est de se mettre suffisamment au courant pour pouvoir enseigner une matière.

Cela se déroule en plusieurs étapes :

1. Achetez ou empruntez tous les livres et les articles que vous pouvez trouver, traitant ce sujet. Procurez-vous tout ce qui existe dans ce domaine. Demandez à toutes les personnes que vous rencontrez si elles connaissent un livre qui traite ce sujet ou quelqu'un qui s'intéresse à la question ou s'y est intéressée.

2. Étudiez à fond tous les livres et les articles que vous vous êtes procurés. Il est probable que vous devrez lire entre 40 et 80 livres et de 50 à 300 articles. Vous devez vous servir d'une des méthodes de lecture rapide, pour être en mesure de travailler aussi rationnellement que possible. C'est de toute manière, je pense, une des conditions fondamentales pour apprendre, sans gaspiller de temps inutilement. Vous pouvez ainsi, le soir, après votre travail, lire 1 ou 2 livres ou de 10 à 20 articles. Vous devriez mettre un tiret au début et la fin de tous les passages intéressants, vous pourrez les retourner très vite par la suite.

3. Renseignez-vous pour connaître tous les séminaires qui existent à ce sujet et après une bonne sélection, il ne devrait vous rester qu'une liste de 3 ou 4 séminaires auxquels vous devez absolument participer. Enregistrez à l'aide d'un minicassette tout ce qui y est dit, vous pourrez réécouter le tout à loisir chez vous. Ne notez que ce qui vous semble être important.

4. Rencontrez le plus d'experts possible dans ce domaine et demandez-leur s'ils connaissent, eux-mêmes d'autres personnes intéressantes. Notez à la suite de ces discussions les déclarations importantes. Ne croyez pas que vous vous souviendrez de tout ce que vous avez entendu puisque souvent de nouvelles impressions se superposent à d'autres plus anciennes et les rendent donc indisponibles.

5. Quand vous avez souligné ou écrit toutes les choses importantes, découpez-les, ordonnez-les par thème ou matière, puis collez-les sur des feuilles 21 × 29,7. Vous pouvez, par exemple, vous servir du dos de documentations dont vous n'avez plus besoin.

6) Ordonnez de nouveau ces feuilles systématiquement, puis faites une table des matières. Vous pouvez ainsi, par la suite, classer facilement toutes nouvelles informations et votre thème est articulé de manière optimale.

7) Quand vous avez classé tout votre matériel, relisez le tout et recopiez-le.

Devenez un expert dans votre domaine

Vous avez, de cette façon, étudié votre sujet 5 fois :

1. En le lisant et en soulignant les passages intéressants.
2. En découpant.

3. En collant.
4. En faisant la table des matières.
5. En relisant le tout et en le recopiant.

Vous disposez maintenant des connaissances nécessaires et vous pouvez vous entretenir avec n'importe quel expert dans ce domaine. Vous devez, naturellement, actualiser et étendre votre connaissance constamment. Bien sûr vous avez beaucoup travaillé pour en arriver là où vous en êtes, mais cela a été agréable et vous a évité de bûcher, bien que vous connaissiez votre sujet maintenant parfaitcment.

Une intéressante production secondaire

Vous avez élaboré un manuscrit dont vous pouvez vous servir pour faire des conférences ou des séminaires à ce sujet. Beaucoup d'institutions et d'associations sont toujours intéressées par de nouveaux conférenciers. Cela n'implique pas de travail supplémentaire puisque vous n'avez qu'à adapter votre manuscrit à la situation.

Vous pouvez également transformer votre manuscrit et en faire un livre. Les éditeurs sont toujours à la recherche d'écrivains qui, non seulement connaissent leur sujet, mais sont aussi capables de l'exposer clairement. A partir de votre manuscrit vous pouvez facilement faire l'ébauche d'un livre et le proposer à un éditeur. Avant de vous lancer dans la rédaction du livre, trouvez un éditeur intéressé par ce thème. Tout éditeur vous fera part d'une série de souhaits dont vous devrez tenir compte. Un livre doit presque toujours être intégré dans une série et doit donc, tant par son style que par son contenu, y être adapté. Si vous faisiez d'abord votre livre vous seriez certainement obligé de le réécrire plusieurs fois.

Comme je l'ai déjà dit, il faut vraiment être intéressé par le sujet pour utiliser cette méthode ; mais aucune autre n'est si complète, si agréable et apporte autant. Donc je ne peux que vous conseiller de vous servir de ma méthode préférée.

RÉSUMÉ

1) Bien qu'elle vous permette de maîtriser parfaitement votre sujet, cette méthode vous évite de bûcher. Son utilisation ne nécessite aucun entraînement spécial ou d'appareillage quelconque. Elle demande beaucoup de temps mais a des effets secondaires positifs et n'occasionne pas de frais. Elle fonctionne toujours.

2) Pour apprendre en enseignant, vous devez lire tous les livres qui se rapportent au sujet, participer à quelques séminaires utiles, contacter les experts disponibles et étudier le matériel que vous avez ainsi réuni, à fond. Vous devez recopier tous les passages de livres importants, les découper, et les coller de manière systématique sur des feuilles 21 × 29,7 et ordonner le tout d'après une table des matières que vous aurez faite ; puis vous recopiez le tout.

3) Vous vous retrouverez ainsi en possession d'un manuscrit, que vous pourrez utiliser pour tenir des conférences ou faire des séminaires.

4) D'autre part cette synthèse minutieuse de connaissances peut, peut-être, devenir un livre que vous pouvez proposer à des maisons d'éditions.

5) Mais vous avez étudié un sujet à fond et vous pouvez être considéré comme un expert dans ce domaine, c'est là l'effet le plus important de cette méthode. Vous devez seulement régulièrement actualiser et étendre vos connaissances.

CHAPITRE XVI

APPRENDRE A L'AIDE DE L'IMAGINATION

En fait, se servir de l'imagination pour apprendre ne constitue pas une méthode en soi. C'est bien plus un des éléments de toute méthode d'apprentissage. Se servir de l'imagination pour apprendre, signifie seulement transformer toute nouvelle information en une représentation imagée, ou la traduire dans le langage de l'inconscient. De telles images peuvent être plus facilement enregistrées par la mémoire et on s'en souvient donc mieux.

J'ai connu un écrivain (malheureusement depuis décédé) qui a publié 182 livres et m'a dit qu'il ne pouvait pas du tout écrire (ce que l'on ne doit pas prendre au pied de la lettre). Il se mettait dans un état de relaxation méditative puis, se représentait les personnages de ses livres et, en spectateur, observait ce qui se passait. Il ne lui restait plus qu'à raconter ce qu'il voyait et c'était là tout son travail. C'est ainsi qu'il est devenu célèbre.

Vous apprenez à convaincre de cette manière

C'est une méthode particulièrement bien adaptée, que ce soit pour préparer une discussion, une négociation ou une conférence importante. On peut, de cette façon, « écouter » calmement tous les arguments qui pourraient nous être opposés et étudier soigneusement nos réponses pour que nous soyons à même de battre en brêche toutes ces objections.

Nous pouvons nous servir de la technique des « éléments de constructions ». Cela signifie que, par exemple, l'on distingue tous les aspects d'une négociation à venir, que l'on cherche les meilleurs arguments concernant chacun de ces aspects puisqu'on les réunit en un tout homogène.

On est également prêt à affronter toutes les situations que ce soit de changer l'ordre d'expositions des points traités ou, si l'on est obligé d'en laisser de côté. Comme on a tous les éléments présents à l'esprit, on n'oublie rien d'important et on peut réserver un argument de choc pour la fin.

On vit constamment de petits succès à l'aide de cette méthode puisque l'on peut s'arranger pour faire quitter la scène de notre esprit en vainqueur ou du moins en faisant bonne figure.

L'inconscient ne peut pas faire la distinction entre les réussites et celles qui ne sont qu'imaginaires et il enregistre donc ce succès comme s'il s'agissait d'un succès véritable. La confiance en soi grandit et la vraie réussite suit tout naturellement. Le principe qui veut qu'un succès en attire un autre se vérifie même s'il s'agit d'abord d'un succès imaginaire.

Augmentez, grâce à l'imagination, votre capacité de rendement

On peut aussi répéter un morceau de musique ou améliorer son jeu de cette manière. On enregistre notre interprétation du morceau, on se détend et en écoutant cet enregistrement on imagine que l'on joue. On peut également écouter l'interprétation d'un grand musicien et se voir soi-même le jouer. Cela impressionne énormément l'inconscient puisqu'il reçoit la confirmation auditive du bien-fondé de la représentation imaginaire. Puisque par la suite l'on croit inconsciemment avoir déjà atteint cette perfection de jeu, le rendement est stimulé et on se rapproche réellement de plus en plus de l'interprétation du modèle que l'on s'est choisi.

Au cours de nos représentations imaginaires il est seulement important d'établir une relation entre ce que l'on écoute et soi-même. Nous pouvons, ou non, remuer les doigts cela n'a qu'une importance secondaire.

Cette technique est également très utile pour toutes les formes de sport. Un champion de tir au pigeon a déclaré qu'il se servait de la technique dite de « l'élongation du temps », pendant les compétitions, il s'imagine simplement que la cible arrive au ralenti dans son champ de tir et qu'il peut, calmement, ajuster son tir pour toucher la cible au moment où elle retombe. Il assurait d'autre part qu'il se représentait le pigeon grossi, comme vu à l'aide de jumelles. Il pouvait reconnaître tous ces détails et avait ainsi suffisamment de temps pour réagir correctement.

Un étudiant peut s'imaginer avec quelle minutie il prépare un examen, il visualise l'examen lui-même, et il se voit calme, sûr de lui, il se souvient de tout ce qui est important et résoud tous les problèmes qui lui sont proposés sans difficulté.

Ou encore il peut visualiser son professeur qui le félicite pour ses bons résultats ou qu'on lui remet son diplôme puisqu'il a, dans son imagination, passé l'examen avec succès. Ces visualisations sont un effet que l'on ne devrait pas sous-estimer. Malheureusement peu d'adultes sont capables de visualiser. Pourtant tous les enfants peuvent se représenter visuellement, immédiatement, ce qu'ils entendent ou lisent, même lorsqu'ils ne savent pas encore ce que le mot imagination signifie.

On peut toujours réapprendre ce que l'on a oublié, et ce n'est pas du tout difficile. Dans mon livre, « Pensez et guérissez » (Éditions Godefroy), j'ai décrit exactement la manière de procéder pour réapprendre le « langage » de l'inconscient.

Le prix d'une réussite sûre

Tout dans la vie a son prix, et la réussite que l'on obtient grâce à l'imagination aussi ; il se définit en deux mots : discipline et endurance.

Nous devons insister sur la représentation mentale positive d'un événement, nous assurons ainsi à notre inconscient, qu'il ne s'agit pas d'une rêverie et qu'il doit mettre tout en œuvre pour que la situation visualisée devienne réalité. Nous devons, pour ce faire, nous représenter en détails la même situation et y ajouter un engagement émotionnel très fort. Seule l'émotion peut convaincre l'inconscient. Plus les sentiments qui sont associés à une représentation sont forts et plus l'inconscient fait ce qui est en son pouvoir pour la rendre réelle.

Cela ne veut bien sûr, pas dire que nous n'avons besoin que de nous asseoir et de nous représenter avec force détails ce que nous désirons pour que notre souhait se matérialise comme par miracle. Nous devons travailler activement à la réalisation de notre but, tous les jours et dans la mesure de nos possibilités.

Si je souhaite gagner le gros lot à la loterie, il faut au moins, pour que cela soit possibble, que je m'achète un billet. L'imagination, grâce à l'intuition m'aidera à choisir le bon.

N'oubliez pas d'agir

Lorsqu'on se représente une situation, il est plus facile d'investir des émotions si l'on tient des discussions imaginaires au cours de ces visualisations.

Si vous voyez sur votre écran mental que vous avez été reçu à un examen, décrivez à votre partenaire imaginaire comment vous avez préparé cet examen. Vous devez en même temps ressentir très fortement la gratitude que vous éprouvez d'avoir par votre travail atteint le but que vous vous étiez fixé.

Mais n'oubliez pas de préparer votre examen réellement. Vous vous trouveriez autrement dans le cas du fermier qui a établi exactement la liste des céréales qu'il souhaite récolter l'année suivante, voit où il doit les semer pour réaliser ses projets mais ne sème rien. Il ne pourra naturellement rien récolter.

Exercer votre imagination

Un bon exercice consiste à regarder un tableau, une photo ou une illustration par exemple, puis vous l'enlevez de votre champ visuel et vous essayez de reconstituer cette image mentalement. Recommencez cet exercice jusqu'à ce que vous puissiez visualiser cette image dans ses moindres détails. Prenez l'habitude, comme les enfants, de visualiser automatiquement tout ce que vous lisez ou tout ce que vous entendez.

Comme je l'ai déjà signalé, il ne doit pas s'écouler plus d'une demi-seconde entre l'apparition d'une information et sa transformation en images. Il faut une certaine habitude pour réussir cette synchronisation.

Le docteur Georgi Losanov a lui aussi tenu compte de l'importance de l'imagination dans sa célèbre méthode d'apprentissage. Au cours de l'enseignement des langues, il fait transformer par ses élèves toutes les phrases qu'ils doivent apprendre en une représentation mentale constituée d'une suite de mouvements ou d'une attitude corporelle. S'il s'agit de la phrase « je vais dans le jardin », l'élève doit se visualiser lui-même allant dans un jardin.

Lorsque dans une représentation mentale l'élève est la personne qui agit, cela donne une impulsion supplémentaire à la conscience. Cette méthode respecte une autre découverte de la psychologie de l'apprentissage : La répétition d'un processus d'apprentissage donc l'association de deux composants, comme par exemple un mot nouveau et sa signification dans la langue maternelle de l'élève, renforce l'assimilation et la mémorisation de ce nouveau composant.

Si le but que nous nous sommes fixé est raisonnable, réalisable et ne va pas à l'encontre des lois de la nature, ce que l'on désire ne peut que se réaliser à partir du moment où le processus a été enclanché. Dès que le fermier a semé, les grains commencent à germer, c'est une des lois de la nature.

Nous pouvons nous aussi nous fier à cette loi ; la nature a besoin de temps et nous devons nous aussi laisser un peu de temps à la vie pour que notre souhait se transforme en une réalité. Le temps que cela nécessite dépend du but que nous nous sommes fixé. Quelqu'un qui veut devenir professeur mais n'a pas encore passé son bac doit travailler encore quelques années activement avant de pouvoir atteindre son but. Mais avec de la persévérance et des efforts, presque tout est possible.

Nous devons malgré tout pouvoir observer une certaine distance critique par rapport à notre désir pour être capable d'agir. Nous ne devons pas être tellement fasciné par le but que nous souhaitons atteindre que nous en oublions de faire le nécessaire pour y parvenir. Il est d'autre part important que nous agissions, que nous conservions l'initiative, plutôt que de nous contenter de réagir. Nous devons aussi être capable de vivre la situation que nous souhaitons voir se réaliser afin de nous assurer que ce but que nous nous sommes fixé correspond bien à nos aspirations profondes et à ce que nous en attendons. Car il est possible dans le cas contraire que l'obtention de ce que nous désirons au lieu de nous contenter se transforme en une véritable punition. Un homme peut désirer épouser une femme, ne penser qu'à ça et une fois marié s'apercevoir qu'elle ne correspond pas du tout à l'idée qu'il s'en était faite et que finalement il est peut-être passé à côté de la femme qui lui aurait mieux convenu.

Il est donc important non seulement de s'assurer que le but en question correspond réellement à l'idée que nous nous en faisons mais aussi de réunir toutes les conditions qui font que nous l'obtiendrons. Nous devons également tenir compte des autres lorsque nous nous fixons un but. Si vous désirez vivre dans un petit village à la campagne et que vous savez que votre femme ne souhaite que vivre en ville, il faut que vous fassiez un compromis avec elle pour que chacun soit satisfait. Ou alors vivre à la campagne dans un petit village sans votre femme...

On peut, à l'aide de l'imagination créatrice exercer une influence sur les événements à venir mais également « désamorcer » ceux qui sont déjà passés. On ne peut bien sûr pas les transformer, mais en réfléchissant à nos comportements qui ont contribué à provoquer ces événements, nous pouvons décider de les changer pour éviter que dans la même situation nous réagissions de nouveau de la même manière. Si on a vécu des échecs par le passé, on peut effacer les comportements négatifs qui en étaient la cause et les remplacer par de nouveaux comportements.

L'imagination ne peut pas remplacer l'action mais la combinaison des deux conduit immanquablement au succès.

RÉSUMÉ

1) L'apprentissage par l'imagination est particulièrement adéquate pour préparer par exemple, une conférence ou une négociation. On peut passer en revue calmement tous les arguments que l'on peut employer et les tenir en réserve au cas où on en aurait besoin. Un musicien peut aussi se « voir jouer brillamment pendant un concert, ou un représentant s'imaginer qu'il conclu avec succès une vente et programme ainsi son inconscient à la réussite.

2) Il faut toujours visualiser que l'on a atteint le but que l'on s'est fixé, que ce soit une interrogation en mathématiques ou un examen.

3) On peut accélérer la réalisation de son désir si l'on associe une forte émotion à la visualisation du but fixé attteint, comme par exemple la gratitude que l'on éprouve d'avoir passé son examen avec succès à force de travail.

4) On devrait répéter la visualisation, de manière très détaillée, de ce que l'on souhaite, jusqu'à ce qu'on y soit parvenu. La plupart des buts sont atteints relativement vite, mais si l'on veut devenir professeur et que l'on n'a pas encore son bac, on doit être conscient du fait que beaucoup de travail, de patience et d'efforts seront indispensables pour y arriver.

5) Le prix de la réussite par l'imagination peut se définir en deux mots : discipline et endurance. Discipline car l'on doit visualiser au moins une fois par jour, dans tous ses détails, ce que nous souhaitons obtenir et endurer parce que l'on doit se plier à cette discipline jusqu'à ce que l'on ai atteint son but.

6) L'imagination seule ne suffit pas. On doit faire, dans la mesure de ses possibilités tout ce dont on est capable pour atteindre ce but. Si l'on veut gagner le gros lot à la loterie, il faut au moins en acheter un billet.

7) Si vous éprouvez des difficultés à visualiser quelque chose sur votre écran mental, vous devez réapprendre le « langage » de l'inconscient. J'explique en détails la façon de procéder dans mon livre « Pensez et guérissez ».

CHAPITRE XVII

LA SUGGESTOPÉDIE, UNE SUPER-MÉTHODE D'APPRENTISSAGE

Des résultats sensationnels dans l'enseignement des langues

Lorsqu'en 1972, j'ai eu l'autorisation de séjourner à Sofia chez le docteur Georgi Losanov, à l'institut de suggestologie et de suggestopédie, je fus convaincu que sa nouvelle méthode d'apprentissage ferait en quelques mois le tour du monde. Ce que j'y ai vu était tellement sensationnel que je n'aurais autrement pas pu me l'imaginer.

Un groupe de gens, tout à fait normaux, apprenait en l'espace de quelques jours à parler couramment une langue étrangère, alors qu'ils n'en connaissaient pas un mot avant leur stage. Comme j'ai été moi-même interprète français-allemand par le passé pendant quelques années, je décidais d'observer un groupe qui commençait à apprendre cette langue (le français). Au bout de seulement 12 jours, nous pouvions déjà converser dans cette langue.

Au bout de 23 jours, leur stage était terminé. Ils pouvaient non seulement employer 2 300 mots mais aussi des formes idiomatiques et avaient de bonnes notions grammaticales qui leur permettaient de comprendre et de parler le français de tous les jours. Ils n'avaient eu pourtant que 4 heures de cours quotidiennement. C'est un résultat incroyable si l'on considère qu'ils ont retenus et peuvent employer 79 % de ce qui leur a été enseigné.

On est un peu déçu lorsque l'on assiste à un tel cours car rien d'extraordinaire ne se passe. Les élèves sont confortablement installés dans des fauteuils et écoutent de la musique. On peut entendre en arrière-plan le cours proprement dit. Mais à la fin du cours les élèves ont déjà assimilé tout ce qu'ils ont entendu et s'en souviennent très bien.

On peut à l'aide d'autres méthodes apprendre jusqu'à 100 mots nouveaux journellement, mais on les oublie aussi vite qu'on les a appris. Grâce à la méthode de Losanov, on peut apprendre jusqu'à 1 800 mots quotidiennement et le pourcentage de mots mémorisés est étonnamment élevé. Des tests scientifiques ont démontré que ces performances ne constituent en aucun cas une limite. On peut, théoriquement apprendre jusqu'à 500 mots à l'heure et disposer ainsi en un laps de temps très court des 3 000 mots qui forment la base d'une langue.

Il n'est pas nécessaire de posséder un don quelconque.

La plupart des élèves de Losanov sont des gens simples qui ne possèdent aucun don spécial. Sa méthode peut être employée pour apprendre les langues mais aussi tout ce qui peut être exposé verbalement. On peut ainsi améliorer son rendement sportif, scolaire, professionnel, éliminer la timidité, des problèmes de diction, le trac, la peur des examens, perfectionner la technique de musiciens ou augmenter le pourcentage de vente des représentants.

Elle repose sur le potentiel de votre inconscient

On sait à l'heure actuelle que l'inconscient dispose d'un potentiel d'assimilation et de mémorisation presque illimité. Nous n'utilisons en moyenne que 15 % de nos capacités mentales. Ce fut le point de départ des recherches du docteur Losanov. Il créa la suggestopédie qui peut dans certains cas rendre 50 fois plus grande la capacité d'un individu à assimiler. Mais ce qui rend cette méthode encore plus fascinante, c'est qu'on apprend quasiment sans peine.

Le secret de cette méthode d'apprentissage repose sur un principe simple que d'autres cultures utilisaient déjà il y a plusieurs milliers d'années. Lorsque l'on se trouve dans un état de détente physique et mentale parfait, on peut enregistrer n'importe quel enseignement, associé à une certaine musique, et le retenir facilement.

Les conditions physiologiques de la méthode

Notre cerveau produit une certaine énergie électrique que l'on peut mesurer à l'aide d'un électroencéphalogramme. Nous pouvons distinguer les fréquences suivantes :

jusqu'à 4 Hertz, les ondes delta,
de 4 à 7 Hertz, les ondes théta,
de 7 à 14 Hertz, les ondes alpha,
de 14 à 30 Hertz, les ondes béta.

A l'état d'éveil, les ondes béta dominent. Quand nous sommes tout à fait décontractés, comme par exemple au cours de rêves éveillés, nous nous trouvons en alpha. Lorsque nous dormons, nous produisons alternativement des ondes alpha, théta ou delta, suivant la profondeur de notre sommeil. Plus la fréquence de l'électricité du cerveau est basse et mieux nous assimilons un quelconque enseignement. Lorsque cette fréquence est très élevée, comme par exemple quand quelqu'un est très énervé, des blocages peuvent survenir.

Donc il s'agit de parvenir à être dans un état pendant lequel nous produisons des ondes alpha ou théta. La méthode du professeur Losanov permet d'y arriver. Une des possibilités qui était réservée aux petits génies ou à des hommes d'exception est maintenant à la portée de tous.

Les effets secondaires positifs

Les effets secondaires de cette méthode sont tout aussi étonnants. Le sentiment général de bien-être augmente, les troubles végétatifs disparaissent et la personnalité de l'élève s'épanouit. Les rapports avec d'autres personnes s'améliorent. Naturellement l'esprit critique a tendance à considérer tout cela comme peu probable. Mais cette méthode est expérimentée scientifiquement depuis des années et a donné les meilleurs résultats. Entre temps plus de 100 000 personnes ont appris à l'aide de cette méthode et tous avec les mêmes résultats positifs.

L'élimination des blocages à l'apprentissage

On peut dire que si cette méthode réussit aussi bien, c'est parce qu'elle élimine tous les blocages que la peur, les complexes, un sentiment de culpabilité ou une inhibition peuvent produire. Les capacités d'apprentissage d'un individu sont aussi libres de se développer.

Des hommes à la mémoire phénoménale ont toujours existé. Les techniques des méthodes employées différaient mais leur action était identique. Il s'agit simplement, et il importe peu comment, de libérer le potentiel presque illimité de notre inconscient.

Il existe évidemment aussi des personnes qui n'ont aucun blocage et peuvent donc, sans avoir recours à l'aide supplémentaire d'une technique quelconque, disposer de la jouissance de leurs facultés naturelles.

La relaxation est le B, A BA

En quoi consiste réellement la méthode de Losanov, ou plus exactement, quels sont les facteurs responsables de l'énorme accroissement des capacités de mémorisation et d'assimilation des élèves ? Voici les bases de la méthode :

1. Décontraction physique et mentale.
2. Une suggestion spécifique d'apprentissage (affirmation).
3. Une respiration rythmique.
4. Une musique appropriée.
5. La variation de la diction.
6. La répétition de l'enseignement et sa transformation dans la pratique (parler, écrire et lire).

Si nous examinons les éléments qui composent cette méthode, cela rappelle les techniques utilisées par les shamans du Kirgistan. Ils se mettent eux aussi en état de transe et de relaxation. Ils préparent ce qui va se dérouler par la répétition continuelle de suggestions. La répétition monotone de certaines formules est liée à un certain rythme respiratoire. Une musique particulière retentit qui ne doit sa structure qu'à l'affaiblissement ou au gonflement de la voix d'un chanteur. Il en résulte l'élimination de l'état de conscience habituel.

La bonne musique

C'est la structure d'une musique qui est responsable de son action et non le plaisir personnel que nous éprouvons à l'écouter. Nous savons, d'après les résultats de la recherche musicale, qu'une certaine forme de musique ralentit l'activité corporelle et permet ainsi d'atteindre un état de relaxation similaire à celui de l'hypnose ou de la méditation. Il s'agit d'une musique au rythme quaternaire car le rythme du cœur a tendance à s'adapter à un rythme qui se rapproche du sien. Il ralentira par exemple son rythme initial (à peu près 72 battements à la minute), pour être en mesure de suivre le rythme quaternaire (60 battements à la minute) ce qui correspond au rythme cardiaque au repos.

Ce rythme cardiaque ralenti agit d'une manière très positive sur l'état général de l'individu. Le stress se trouve automatiquement éliminé, un sentiment de bien-être général s'intensifie, une nouvelle relation s'instaure entre le corps et l'esprit, ainsi qu'un état de conscience supérieure. Le corps utilise moins d'énergie et une grande partie de celle-ci reste à la disposition de l'intellect.

C'est comme pendant un concert. On sait que l'on ne doit fournir aucun effort, si ce n'est celui d'écouter ; on se détend, on se laisse envahir et porter par la musique. Dans cet état on s'oublie soi-même, la perception est aiguisée et l'on a par la suite quelques difficultés à reprendre contact avec la vie de tous les jours, à retrouver son état de conscience habituel. Dans cette méthode l'apprentissage est de nouveau mis en relation avec la joie naturelle de jouer.

Le docteur utilise seulement la musique baroque à 4 temps. Cette musique nous permet de nous décontracter profondément tout en restant mentalement alerte, notre perception étant optimale. On peut dire : mieux quelqu'un peut se détendre, et plus son apprentissage sera réussi, et moins il s'avèrera nécessaire de réviser.

Voici une liste de morceaux de musique appropriés : Johan Sebastian Bach :

1. Largo du concerto en sol mineur pour flûtes et cordes. Exécution d'après les annotations de Bac lui-même, Nr. 1056, pour flûtes et clavecin d'origine.

2. Largo du concerto en fa mineur pour piano et orchestre à cordes (d'après les annotations de Bach, Nr. 1056).

3. Larghetto du concerto pour hautbois et cordes en la majeur (d'après les annotations de Bach, Nr. 1055).

4. Largo du concerto pour clavecin en sol majeur (d'après les annotations, Nr 976 de Bach).

5. Largo du concerto pour clavecin (d'après Vivaldi) en sol mineur (d'après les annotations, Nr. 975 de Bach).

6. Largo du concerto pour clavecin en fa majeur.

Georg Friedrich Haëndel :

1. Tous les passages lents du concerto grosso pour cordes opus 6, Nr. 1-12.

2. Tous les passages lents du concerto grosso pour hautbois, opus 3, Nr. 1-6.

3. Largo du concerto Nr. 3 en ré majeur (Musique de feu d'artifice).

Georg Philipp Telemann :

1. Largo de la fantaisie pour clavecin en sol mineur.

2. Largo du concerto pour alto, cordes et basse continue en sol majeur.

Antonio Vivaldi :

1. Largo de « l'hiver » du concerto Nr. 4 en fa mineur des quatre saisons (opus 8).

2. Largo du concerto en ré majeur pour guitare, cordes et basse continue.

3. Largo du concerto pour mandoline, cordes et orgue, Nr. 1 en do majeur PV 134.

4. Concerto pour viole, luth et cordes en ré mineur PV 266.

5. Largo du concerto pour flûtes, cordes et basse continue en do majeur PV 79.

6. Largo du concerto pour viole, cordes, et basse générale en ré mineur PV 287.

7. Largo du concert pour violoncelle, cordes et basse continue en sol majeur PV 118.

La musique doit être passée de sorte à ce que l'on puisse entendre clairement et sans effort le programme parlé. Il est possible d'utiliser un morceau que l'on aime particulièrement en le répétant continuellement ou par exemple de changer l'ordre de déroulement normal d'un concerto. Lorsque l'on utilise des extraits de concertos différents, je vous conseille d'alterner des morceaux calmes avec d'autres plus enlevés. La musique doit calmer, mais non endormir la personne qui l'écoute. Le dernier morceau devrait être particulièrement enlevé pour faciliter le retour à l'état de conscience normal.

Lorsque l'on laisse un certain temps cette musicothérapie agir sur soi, il est bientôt possible en l'espace de quelques minutes d'atteindre l'état de décontraction souhaité. Dès que l'on a découvert la musique idéale pour apprendre on peut toujours la passer à cette fin. On peut bien sûr enregistrer de la musique que l'on joue soi-même à condition de maîtriser un instrument de musique. L'expérience a démontré que des instruments à cordes comme le violon ou le violoncelle apportent de très bons résultats. Seul le rythme, 60 temps par minute, ne tolère aucune modification puisque l'on doit respirer exactement en rythme en apprenant.

La détente physique

Un état de relaxation profonde est la condition fondamentale pour apprendre de manière optimale. Malheureusement plus l'homme s'est civilisé et moins il lui est devenu facile de se décontracter, nous devons le réapprendre. Celui qui veut apprendre à l'aide de cette méthode doit être en mesure de se détendre l'espace de quelques minutes. Si cette condition n'est pas remplie, les résultats obtenus en seront diminués ou totalement absents. Les élèves de Losanov apprennent au cours des quatre premiers jours de leur stage, uniquement à se décontracter correctement. Cela donne une idée de l'importance qu'il accorde à la relaxation. Je ne peux donc pour cette raison que vous déconseiller de vouloir d'abord tester les résultats de cette méthode avant de pouvoir atteindre un état de relaxation profonde. Je vous recommande le training de Jacobsen pour vous décontracter. Les exercices commencent par la décontraction de la main, puis du bras dominant, dans la majorité des cas donc la main et le bras droit, puis on continue par la main et le bras qui ne dominent pas jusqu'à ce qu'on ai décontracté, zone par zone, le corps dans son entier. Ces exercices de relaxation ne sont pas seulement destinés à décontracter le corps mais également grâce à cet état à atteindre l'inconscient plus facilement.

Ces exercices ne durent que quelques minutes mais leur action est très intense. Beaucoup de participants relatent qu'ils ont ressenti leur corps tout à fait différemment et qu'une énergie s'était manifestée de nouveau pour la première fois depuis leur enfance.

Vous pouvez également enregistrer ces exercices sur cassette et passer celle-ci au début de vos séances d'entraînement, vous serez ainsi sûr de n'oublier aucune zone de votre corps au cours de ces exercices. Cherchez un endroit confortable où vous pourrez vous exercer sans être dérangé. Ouvrez pantalons ou chemises qui risqueraient de vous gêner. Concentrez-vous vraiment sur les parties de votre corps nommées, l'une après l'autre. Prenez conscience du changement qui s'opère en vous lorsque ces zones de votre corps sont décontractées.

Le texte de votre cassette de relaxation

Allongez-vous, installez-vous confortablement et ouvrez les vêtements trop étroits.

Inspirez profondément et pendant que vous expirez, les tensions de votre corps disparaissent. Inspirez de nouveau lentement profondément et donnez-vous l'ordre « détends-toi ! ».

Détendez-vous et sentez que vous êtes de plus en plus décontracté. Vos muscles et vos nerfs sont maintenant relâchés, décontractés. Vous vous sentez bien.

Vous allez maintenant contracter vos doigts de pieds et les tirer en arrière. Vous maintiendrez cette tension et compterez jusqu'à 5 puis relâchez tous les muscles des pieds. Ressentez la différence bienfaisante. Encore une fois, tendez - tendez - tendez et relâchez. Vous ressentez la détente agréable qui s'installe dans vos pieds.

Vous contracterez maintenant les pieds, les jambes jusqu'aux genoux. Durcissez tous ces muscles. Ces muscles sont durs mais le reste de votre corps est détendu. Maintenez cette tension et comptez en même temps jusqu'à 5... et relâchez. Contractez vos muscles jusqu'aux genoux encore une fois. Maintenez et comptez lentement jusqu'à 5, puis relâchez. Décontractez ces muscles. Savourez ce sentiment délicieux de détente qui s'empare de vos jambes.

Vous contractez maintenant la musculature de vos jambes et de vos cuisses autant que vous le pourrez. Comptez lentement jusqu'à 5 puis détendez-vous. Encore une fois : Vous bandez tous les muscles de vos jambes et de vos cuisses. Forcez - forcez - encore un peu et relâchez tous ces muscles. Laissez-les aller, détendez-les et sentez comme cela est agréable.

Contractez vos fesses. Vos fesses sont dures, comptez jusqu'à 5 puis relâchez cette tension. Durcissez encore une fois les muscles de votre postérieur, contractez-les encore plus, puis détentez-les. Laissez vos fesses devenir molles, parfaitement détendues.

Contractez maintenant la musculature de votre dos et les abdominaux. Votre ventre est plat et dur, votre musculature dorsale contractée. Comptez jusqu'à 5 puis relâchez.

Encore une fois, vous tendez de nouveau tous ces muscles, tenez encore un peu, durcissez-les, puis relâchez. Sentez comme vos muscles se décontractent, s'assouplissent et retombent.

Laissez-vous envahir par le sentiment de bien-être que vous ressentez lorsque les muscles de votre dos et de votre ventre sont détendus.

Durcissez maintenant les muscles du haut de votre buste. Vos deux épaules se rapprochent de votre tête, vous bandez les muscles de votre dos et de votre poitrine. Maintenez cette contraction en comptant lentement jusqu'à 5.

Relâchez, détendez-vous. Encore une fois : les muscles de votre dos, votre poitrine, vos épaules sont de nouveau durs, maintenez cette tension, puis... relâchez. Sentez comme vos muscles se décontractent, s'amollissent. Vous expirez, sentez comme vos muscles sont détendus. Une relaxation bienfaisante vous envahit au fur et à mesure que votre corps se détend. Vous vous sentez bien.

Maintenant contractez les muscles de vos bras, serrez les poings. Tous les muscles de vos bras sont bandés et vos poings fermés, comptez lentement jusqu'à 5 puis relâchez. Encore une fois : Bandez les muscles de vos bras et fermez les poings. Vous comptez jusqu'à 5 puis laissez vos muscles se détendre. Laissez vos bras tout simplement retomber. Vos bras et vos mains reposent maintenant parfaitement détendus.

Vous allez maintenant contracter tous les muscles de votre tête. Serrez les dents, fermez les yeux, plissez la peau du front et crispez celle du crâne. Maintenez tous ces muscles contractés et comptez jusqu'à 5. Relâchez. Vous contractez de nouveau tous les muscles de votre visage et la peau du crâne. Comptez jusqu'à 5. Vous laissez maintenant la peau de votre crâne se détendre ainsi que celle du front. Vous détendez également tous les petits muscles qui entourent la bouche et les yeux. Votre langue aussi repose décontractée dans la bouche, votre menton est détendu. Toute tension a disparu de votre corps, de votre tête et de vos membres. Vous vous sentez merveilleusement bien. Ce bien-être se propage dans tout votre corps. Laissez-vous porter par ce sentiment de bien-être.

Pratiquez ce programme de relaxation 1 à 3 fois par jour au moins pendant une semaine, au mieux pendant 15 jours. Appréciez le bien-être que vous procure cette relaxation, chaque jour un peu plus.

La détente mentale

La technique de la psychocybernétique, que j'ai décrite en détails dans mon livre « Pensez et guérissez »* est particulièrement indiquée pour se détendre mentalement. J'ai été surpris d'apprendre qu'à Moscou et Leningrad, on utilise aussi cette rubrique. Elle est basée sur la visualisation de couleurs dans un ordre spécifique, ce qui provoque un changement notable de l'activité électrique du cerveau. Cette dernière passe d'à peu près 22 à 10 hertz. On se retrouve en Alpha,

* Éditions Godefroy.

l'amplitude des ondes cérébrales se situe entre 7 et 14 hertz, alors qu'ordinairement nous nous trouvons à l'état éveillé, en bêta, les ondes cérébrales ont dans ce cas-là une amplitude comprise entre 14 et 30 hertz.

Voici le texte que vous pouvez enregistrer sur votre cassette * :

Inspirez profondément et pendant que vous expirez, vous visualisez le chiffre 7 et la couleur rouge. Approfondissez la décontraction de tous les muscles de votre tête : d'abord la peau du crâne, puis le front, et enfin les sourcils. Vous décontractez maintenant également le menton, et les petits muscles qui entourent la bouche et les yeux. Détendez tous ces muscles et sentez comme votre visage se décontracte, sentez l'impression de bien-être qui se répand en vous.

Inspirez de nouveau profondément et en expirant visualisez le chiffre 6 et la couleur orange. Vous détendez encore davantage votre buste. Laissez vos épaules et vos bras consciemment retomber. Décontractez vos poumons et le diaphragme. La décontraction de votre buste a encore augmenté. Votre buste repose souple et détendu.

Inspirez de nouveau profondément et pendant que vous expirez visualisez le chiffre 5 et la couleur jaune. Votre ventre, le bas de votre dos, vos jambes et vos pieds se détendent encore un peu plus. Le bas de votre dos, votre ventre et vos jambes, vos pieds sont maintenant parfaitement décontractés. Inspirez de nouveau profondément et en expirant visualisez le chiffre 4 et la couleur vert. Vous vous détendez maintenant aussi psychiquement. Laissez les pensées apparaître, et disparaître. Vous ne leur portez plus d'attention. Elles n'ont pour vous ni visage ni signification. Les pensées s'évanouissent.

Inspirez de nouveau profondément et en expirant visualisez le chiffre 3 et la couleur bleu. Vous sentez la bienfaisante détente de votre esprit. Vous vous décontractez de plus en plus, les pensées qui vous dérangeaient s'évanouissent et vous devenez de plus en plus calme, de plus en plus calme.

Inspirez de nouveau profondément et pendant que vous expirez visualisez le chiffre 2 et la couleur indigo. Vous êtes maintenant parfaitement calme mentalement et de nouvelles pensées ne vous apparaissent plus. Vous ressentez une paix merveilleuse en vous.

---

* Vous pouvez vous procurer cette cassette intitulée « Détente totale » auprès de Christian Godefroy, B.P. 6, 27760 La Ferrière-sur-Risle (N.D.E.).

Inspirez profondément et pendant que vous expirez visualisez le chiffre 1 et la couleur violet. Pendant que vous vous représentez ce violet profond, une paix absolue vous envahit. Vous vous trouvez maintenant au centre de votre être. La paix s'étend à votre moi en entier. Devenez cette paix merveilleuse. Vous sentez que vous vous reposez mentalement et physiquement, vous disposez d'une énergie nouvelle. Vous êtes tout à fait détendu, en paix avec vous-même et le monde extérieur.

La suggestion d'apprentissage

Quand une paix totale vous envahit (c'est une des caractéristiques de l'état dans lequel notre perception est optimale), améliorez à l'aide de formules spéciales la joie et l'enthousiasme que vous procure l'apprentissage. Utilisez par exemple, les mots suivants, vous devriez les enregistrer également sur votre cassette. Pensez les phrases suivantes, pendant que je les dirais, pensez-les, c'est tout :

« *Je suis parfaitement détendu. J'écoute avec enthousiasme les connaissances que je désire acquérir, et je les assimile le plus simplement du monde. Je me concentre toujours sur ce que je fais au moment où je le fais. Mon apprentissage m'apporte de jour en jour de plus en plus de joie. Je me sens libéré de toute entrave et j'apprends avec enthousiasme. Chacun de mes progrès augmente mon plaisir à travailler. Je me réjouis des progrès que cette nouvelle méthode me permet d'obtenir. Et je peux tout de suite visualiser l'emploi pratique possible d'une nouvelle information. Je comprends de mieux en mieux chaque jour le sens profond de ce que j'apprends. Ce que j'enregistre dans ma mémoire, y reste comme inscrit à l'aide d'une encre indélébile. J'utilise harmonieusement et avec assurance les nouvelles connaissances que j'acquiers dans ma vie.* »

Vous revenez maintenant lentement à vous. Vous comptez mentalement jusqu'à 3, à 3 vous ouvrez les yeux et vous êtes tout à fait réveillé. Vous êtes maintenant tout à fait réveillé. Vous vous sentez frais et dispos. Vous vous sentez maintenant tout à fait frais et bien reposé. Le secret de ces suggestions réside dans le fait que l'on suggère déjà posséder ce que l'on doit encore acquérir. Le succès ne se situe pas dans le futur mais déjà un acquis du présent.

Des expériences effectuées aux U.S.A. ont démontré que seulement grâce à des suggestions de ce genre, la capacité d'apprendre des sujets testés augmentait de 60 %.

Vous devez naturellement considérer le texte de suggestion comme un exemple de ce que vous devez enregistrer mais vous devez bien entendu enregistrer un texte adapté à vos besoins et à votre personnalité. L'inconscient accepte et réalise des formules personnelles plus vite et plus facilement. Il est seulement indispensable que vous formuliez vos phrases au présent, qu'elles aient un sens positif et ne contiennent pas de négation.

La respiration en quatre temps

Dans toutes les écoles de sagesse, tous les centres de connaissances mystiques et ésotériques de l'histoire de l'homme, la respiration joue un rôle important. Pensez ne serait-ce qu'à l'importance de la respiration dans le yoga.

En Inde on désigne un grand homme par le mot Mahatma, qui signifie grande respiration. Nous pouvons également observer dans la vie et la nature, que ceux qui respirent vite vivent moins longtemps que ceux qui ont une respiration plus lente. Celui qui respire vite vit non seulement moins longtemps mais est aussi sujet à de nombreuses maladies, alors qu'en général celui qui respire lentement a une vie longue et une bonne santé. La respiration joue un rôle très important dans notre vie, que nous voulions ou non le reconnaître.

On peut rester six semaines sans manger, six jours sans boire, mais à peine six minutes sans respirer.

Nous pouvons reconnaître sans difficulté l'étroit lien qui unit la respiration et la vie. Il est naturellement impossible de vivre bien et de respirer mal. Quand notre respiration s'effectue correctement, nous allons bien, et quand nous nous sentons bien, notre respiration s'effectue correctement.

La respiration rythmique est de même fondamentale pour développer notre faculté d'apprendre ; puisque la respiration rythmique est la façon la plus simple d'atteindre un état de conscience supérieur et d'arriver à se trouver en harmonie avec son corps et son esprit, comme son âme. Grâce à la respiration ce rythme gagne le corps tout entier. C'est une connaissance que l'on trouve chez les initiés de tous les peuples.

L'harmonie du corps, de l'âme et de l'esprit laisse le libre développement des pouvoirs et des facultés individuelles, de sorte qu'ils soient à même de fonctionner sans être bloqués.

D'un point de vue purement physiologique, il est clair qu'un meilleur approvisionnement en oxygène du cerveau conduit automatiquement à ce que notre faculté d'apprendre et d'assimiler en soit améliorée, puisque le cerveau est le plus important consommateur d'oxygène du corps.

Le cerveau subit des dommages irréparables si l'approvisionnement en oxygène est interrompu ne serait-ce que quelques minutes.

La technique de respiration correcte, provoque un ralentissement du rythme psychique et il en résulte l'équilibre psycho-physiologique, qui est vital. Il est facile de comprendre que dans un état d'équilibre intérieur, on puisse apprendre plus vite et plus facilement que lorsque l'on doit encore vaincre des blocages intérieurs.

La méthode de Losanov met l'accent sur deux rythmes distincts de respiration :

La respiration préparatoire : Inspirez pendant quatre secondes, quatre secondes de pause, puis expirez pendant quatre secondes, puis de nouveau quatre secondes de pause.

La respiration au cours de l'apprentissage : expirez pendant deux secondes, expirez pendant deux secondes puis quatre secondes de pause.

Au cours de la phase d'apprentissage proprement dite qui dure quatre secondes on ne respire pas du tout. Dites-vous donc « pendant les pauses, je respire à volonté, pendant la phase d'apprentissage, j'interromps ma respiration ».

La période d'assimilation tombe ainsi au moment d'une « paix » sans respiration. C'est un phénomène tout à fait naturel. Pensez simplement par exemple au moment où un ballon de football se rapproche d'un but. Le public suspend sa respiration jusqu'à ce qu'un but ait été marqué ou que le gardien de but ait renvoyé le ballon loin sur le terrain. Puis les spectateurs reprennent leur souffle.

En apprenant et en respirant conformément au rythme à quatre temps (60 temps à la minute), le rythme de la respiration est synchronisé au pouls d'une personne au repos (également 60 à la minute). Respirer ainsi augmente la concentration et permet un meilleur approvisionnement en oxygène du cerveau. La respiration préparatoire doit être pratiquée 2 à 3 minutes avant la leçon, pendant les exercices de relaxation. La respiration au cours de la phase d'apprentissage est toujours la même : inspirez pendant deux secondes, expirez pendant deux secondes, puis une pause de quatre secondes.

Donc, lorsque le professeur parle (devant vous ou au moyen d'une cassette), vous ne devez pas respirez. Pendant les pauses, respirez comme vous voulez. Si vous respirez naturellement, lentement, il vous sera certainement plus facile de conserver la respiration lente non seulement pendant les exercices de relaxations préparatoires mais également pendant la leçon.

La bonne diction

Vous avez vous aussi très certainement remarqué que l'on s'endort facilement au cours d'une conférence tenu par une personne au ton monotone, et donc à plus forte raison si cette conférence est accompagnée d'une musique d'ambiance apaisante. Pour être sûr que l'on ne s'endorme pas en apprenant, le docteur Losanov a sélectionné trois manières de parler qui sont employées alternativement par le professeur :

1. Le ton normal.
2. Le chuchotement.
3. Le ton de commandement.

Si vous vous endormiez un jour au cours de la relaxation, vous seriez au plus tard tiré de votre sommeil par le commandement qui retentira. Donc vous n'aurez pas l'occasion de vous endormir pendant vos leçons. La diction variée du professeur rend le cours d'autre part plus vivant. Mais cette diction variée ne semble pas être un des éléments fondamentals de cette méthode puisque des chercheurs américains rapportent que le taux des apprentissages réussis reste identique avec ou sans variation de la diction du professeur pendant les cours. Vous pouvez employer le même ton deux fois de suite ou changer l'ordre dans lequel vous vous servez des différentes manières de parler, cela est sans importance, le but de cette variation de la diction est uniquement que vous ne puissiez pas vous endormir.

La création de son programme d'apprentissage

Toute personne intéressée est en mesure de créer elle-même son programme. Le fait de ne pas connaître un mot de la langue que l'on désire apprendre ne constitue pas un obstacle insurmontable, des expériences l'ont démontré. Il faut uniquement écouter un cours normal enregistré et cela jusqu'à ce que l'on soit en mesure de prononcer ces mots correctement pour pouvoir dire le texte que l'on souhaite enregistrer, sans faire de faute. On peut bien sûr apprendre de cette façon, non seulement des langues étrangères mais aussi tout ce que l'on peut communiquer verbalement.

Une phase d'apprentissage dure toujours huit secondes : quatre secondes d'apprentissage puis quatre secondes de pause pendant lesquelles on respire. Une minute contient donc sept unités et demi d'apprentissage. Une leçon devrait durer environ de 20 à 30 minutes. 10 minutes sont donc nécessaires pour apprendre 70 mots de vocabulaire. On devrait modifier sa manière de parler dès que l'on change d'unité d'apprentissage. Si vous commencez par parler normalement, chuchotez vos informations pendant la phase d'apprentissage suivante et énoncez clairement, sur le ton du commandement les informations contenues par la phase d'apprentissage suivante. Vous ne devez pas tenir compte du rythme de la musique en parlant. Si l'une des phrases de la leçon contient peu d'éléments comme c'est souvent le cas lorsqu'il s'agit de vocabulaire, prononcez-la plus lentement. Si une phrase contient beaucoup d'éléments, prononcez-la vite. Votre choix doit dominer et non la musique. Le programme d'apprentissage doit être facilement compréhensible.

Une cassette qui dure 30 minutes pourrait se présenter de la manière suivante :

3 minutes de musique introductive,
24 minutes d'apprentissage (180 phases d'apprentissage, chaque phase dure 8 secondes),
3 minutes de musique rapide de conclusion.

Créer une cassette ne prend pas trop de temps et n'est pas particulièrement difficile. Un week-end suffit pour enregistrer un cours complet de langue. Il ne vous faudra que — et cela va vous surprendre et vous encourager — 3 heures 20 minutes d'enregistrement parlé pour posséder un cours de langue comprenant 3 000 mots de vocabulaire. On peut aussi enregistrer tout simplement un cours tout à fait normal en ménageant une pause de quatre secondes toutes les quatre secondes. Il faut faire attention à ne pas couper de mots. Presque tous les éléménts d'un apprentissage peuvent se communiquer en l'espace de quatre secondes.

Au cas où la grammaire vous pose des problèmes, vous pouvez, par exemple, l'apprendre plus facilement de la façon suivante :

Le verbe allemand aller : gehen.

Secondes : 1, 2, 3, 4	Secondes : 1, 2, 3, 4
Pause	Ich gehe, du gehst, er geht — Je vais, tu va, il va.
Pause	Wir gehen, ihr geht, sie gehen — Nous allons, vous allez, ils vont.
Pause	Ich gehe zum Fenster — Je vais à la fenêtre.
Pause	Du gehst ins Krankenhaus — Tu vas à l'hôpital.
Pause	Er geht in dem Garten — Il va au jardin.
Pause	Wir fahren nach Paris — Nous allons à Paris.
Pause	Ihr geht in die Schule — Vous allez à l'école.
Pause	Sie gehen nach Haus — Ils vont à la maison.

On peut aussi facilement illustrer une règle de grammaire à l'aide d'exemples. Des règles qui ne peuvent pas être présentées sous cette forme seront expliquées.

Quatre secondes d'explications, suivies de quatre secondes de pause. Vous voyez il est facile de faire une cassette.

Le déroulement d'une leçon

Sous la direction de Losanov, l'apprentissage d'une langue étrangère dure de 23 à 30 jours à raison de quatre heures de cours par jour.

Avant de commencer à apprendre votre leçon détendez-vous en adoptant la respiration préparatoire (inspiration : quatre secondes, pause : quatre secondes, expiration : quatre secondes, pause : quatre secondes). Cette séance de relaxation ne devrait pas durer plus de cinq minutes. Puis la leçon commence. Elle se compose de quatre parties identiques.

1. Vous révisez ce que vous avez appris la veille à l'aide de votre manuel et lisez ce que vous avez écouté la veille. Vous conservez la respiration préparatoire comme pendant la séance de relaxation. Vous n'écoutez aucune musique.

2. Vous laissez votre livre de côté et toujours détendu réécoutez la leçon de la veille, cette fois avec accompagnement musical. Vous adoptez la respiration d'apprentissage (inspiration : deux secondes, expiration : deux secondes, vous ne respirez pas pendant quatre secondes). Visualisez le mieux possible ce que vous apprenez.

3. Au cours de la troisième phase, vous lisez votre nouvelle leçon tout en écoutant l'enregistrement correspondant. Vous adoptez de nouveau la respiration préparatoire et vous n'écoutez pas de musique.

4. Pendant la quatrième phase, vous mettez de nouveau votre manuel de côté et écoutez de nouveau l'enregistrement correspondant à la nouvelle leçon mais cette fois avec l'accompagnement musical et en adoptant la respiration d'apprentissage. Vous devez essayer de vous représenter visuellement ce que vous apprenez. Laissez ces images défiler devant votre œil mental.

Vous révisez tous les quatre jours ce que vous avez appris jusque-là. Il est conseillé de faire des enregistrements uniquement à cette fin où les mots que vous assimilez difficilement sont particulièrement accentués, et répétés. Si vous procédez comme je viens de l'indiquer, vous disposez d'une méthode qui vous permettra d'apprendre ce que vous voulez beaucoup plus vite que vous ne le pourriez autrement. Cette méthode a l'avantage d'être fondée scientifiquement, il ne reste presque aucune question qui n'est trouvée de réponse. Son seul inconvénient réside dans le fait que l'on doit, avant de commencer à apprendre, enregistrer son programme d'enseignement en tenant compte du rythme : quatre secondes de pause (ménagée à la respiration), quatre secondes parlées, et que l'on doit pouvoir se détendre correctement et respirer comme indiqué plus haut.

C'est là que réside la difficulté de cette méthode, car la majorité d'entre nous est dépourvue de patience. Nous voulons toujours voir les résultats tout de suite, essayer de nouvelles choses ; et c'est exactement ce qu'il est impossible de faire dans ce cas précis. Si vous ne vous préparez pas avec le soin nécessaire, vous serez déçu par les résultats que vous obtiendrez.

Si vous faites partie des gens qui ne peuvent pas faire preuve d'un peu de patience, je vous conseille de choisir une des autres techniques que je décris dans ce livre. Si par contre vous prenez la peine de commencer par apprendre à vous détendre, à respirer en rythme, que vous choisissez la bonne musique, alors vous disposez d'une méthode qui, c'est prouvé scientifiquement, réduit la durée de l'apprentissage considérablement, qui ne fatigue pas, au contraire, et procure un plaisir certain *.

* Cf. « Le dossier Suggestopédie », de C. Godefroy, chez l'auteur (N.D.E.).

RÉSUMÉ

1) A l'aide de cette méthode, vous prouvez, à raison de quatre heures tous les jours, apprendre à parler une langue étrangère (3 000 mots de vocabulaire) en l'espace de 23 jours.

2) Vous devez commencer par maîtriser les exercices de relaxation que j'ai décrits ou vous n'obtiendrez pas de résultats avec cette méthode.

3) Effets secondaires positifs de cette méthode : les troubles végétatifs disparaissent, la personnalité s'épanouit, les relations avec les autres s'améliorent, la timidité, des problèmes d'élocution, le trac ou la peur des examens disparaissent aussi.

4) La méthode de Losanov comprend les facteurs suivants :

— une détente physique et mentale,
— une suggestion qui motive à apprendre (affirmation),
— la respiration rythmique,
— la bonne musique,
— une diction variée,
— la répétition quotidienne et l'application de ce que l'on a appris.

5) Seule une musique à quatre temps peut être employée comme fond sonore (60 temps par minute). Le cœur bat à peu près 72 fois à la minute et a tendance à se rapprocher d'un rythme qui ne diffère pas trop du sien. Donc la musique à quatre temps provoque un ralentissement du rythme cardiaque.

6) La méthode Losanov distingue la respiration préparatoire : inspiration de quatre secondes, pause de quatre secondes, expiration de quatre secondes, pause de quatre secondes, et la respiration dite d'apprentissage : inspiration deux secondes, expiration deux secondes, pause quatre secondes.

7) La bonne diction consiste à employer alternativement un ton normal, le chuchotement, et le commandement. Cette variation de la diction est uniquement destinée à maintenir l'élève éveillé.

8) La leçon se compose de quatre parties de même durée :

— A partir du deuxième jour, on commence par réécouter l'enregistrement de la veille en lisant le texte de cette leçon. On adopte la respiration préparatoire. Pas d'accompagnement musical.

— Vous mettez votre manuel de côté et toujours détendu, vous réécoutez le même enregistrement mais cette fois-ci en adoptant la respiration d'apprentissage et avec un fond musical. Vous devez vous représenter mentalement ce que vous entendez.

— Pendant la troisième partie de la leçon, vous apprenez un nouveau texte. Vous commencez par lire ce texte tout en l'écoutant, vous devez adopter la respiration préparatoire. Pas d'accompagnement musical.

— Vous réécoutez le texte sans le lire, détendu cette fois avec un accompagnement musical et en adoptant la respiration d'apprentissage.

Représentez-vous visuellement tout ce que vous entendez. Laissez la leçon défiler sous la forme d'un film devant votre œil mental.

9) Révisez tous les quatre jours les connaissances que vous aurez déjà acquises. Je vous conseille de faire des cassettes spéciales.

POSTFACE

La majorité des méthodes que je présente dans ce livre sont encore relativement récentes et les recherches les concernant ne sont pas encore terminées. Donc beaucoup de questions que l'on peut se poser ont des réponses pour le moment satisfaisantes mais provisoires. Si je rends ces méthodes malgré tout publiques, c'est parce qu'en me basant sur mes connaissances personnelles et celles que j'ai rassemblées au cours de mes séminaires, je pense que ces nouvelles méthodes d'apprentissage intéresseront aussi bien ceux qui désirent apprendre que ceux qui enseignent une matière.

Si vous faisiez des découvertes concernant l'apprentissage et susceptibles d'être utiles à d'autres, je vous demande de bien vouloir m'en faire part.

Nous possédons tous des facultés que nous ne soupçonnons pas et les techniques conseillées dans ce livre peuvent être une aide appréciable pour activer et développer ce potentiel. Le sens de la vie ne consiste certainement pas uniquement à amasser des connaissances, mais, à notre époque, la faculté de toujours pouvoir s'adapter au monde changeant qui nous environne est vitale. Adaptation sous-entend formation permanente. Nous devons aussi apprendre à apprendre, j'espère que vous l'aurez compris en lisant ce livre.

Je pense d'autre part vous avoir donné la possibilité sous la forme ce de livre, de vous aider à développer votre potentiel mental, condition essentielle pour toute personne qui souhaite vivre plus pleinement, s'enrichir intérieurement.

Vous pouvez adresser toutes vos questions ou vos suggestions à :

Christian GODEFROY,
B.P. 9,
27760 La Ferrière-sur-Risle
(France).

DIFFÉRENTS DOCUMENTS AU SUJETS DE LA SUGGESTOPÉDIE

— Vous pouvez vous procurer des cassettes vidéo des séminaires de Losanov en les commandant à : Dimitri Devyatkin, 134 Haven Ave., New York, N.Y. 10032 U.S.A.

— Des cassettes et des cassettes vidéo de conférences, et de démonstration du Dr Losanov : The Office of Extension Courses and Conferences, 102 Scheman Continuing Educational Building, Iowa State University, Ames, Iowa 50011 U.S.A.

— Le microfilm The Losanov Language Class : Center for Applied Linguistics, 1611 N. Kent Street, Airlington, Virginia 22209 U.S.A.

— Un « dossier Suggestopédie » auprès de Christian Godefroy, B.P. 6, 27760 La Ferrière-sur-Risle.

TABLE DES MATIÈRES

INTRODUCTION

DEUXIÈME PARTIE :

LES MEILLEURES MÉTHODES D'APPRENTISSAGE

édité par les Éditions Godefroy
B.P. 9, rue du Moulin-à-Tan
27760 La Ferrière-sur-Risle.
Tél. : 16 (32) 30.71.59

Belgique : Dema International,
1/041, quai du Condroz, 4020 Liège.
Tél. : (041) 42.53.78.

Suisse : Éditions Reuille,
Chemin du Grand-Moulin-Fleury n° 6, 1290 Versoix.
Tél. : (022) 55.47.96.

Canada : Éditions Frémontel,
1350, rue Sherbrooke Ouest, Bureau 910, MTL/QUE H3G1J1
Tél. : 844.10.66.

Achevé d'imprimer
sur les presses de
l'Imprimerie Nouvelle (L.-A.)
en septembre 1985